# ADHS :

Ein Buch, das Ihnen ein besseres Verständnis darüber vermittelt, was ADHS ist, seine Symptome, Behandlung, Ernährungswahl, Mythen und Fakten darüber und mehr!

## Von
## Cynthia E. Cortez

# Inhaltsverzeichnis


KAPITEL 1
KAPITEL 2
KAPITEL 3
KAPITEL 4
KAPITEL 5
KAPITEL 6

# KAPITEL 1

<u>Verstehen, was ADHS wirklich ist</u>

Leiden Sie oder Ihr Kind unter dem Zeitmanagement? Aufmerksamkeit? Stillsitzen? Wenn ja, leiden Sie oder Ihr Kind möglicherweise an einer Aufmerksamkeitsdefizit-Hyperaktivitätsstör ung (ADHS).

Menschen mit ADHS haben Probleme mit Unaufmerksamkeit, Ablenkbarkeit, Impulsivität und Hyperaktivität. Obwohl es sich um eine weit verbreitete, lebenslange Krankheit handelt, können ADHS-Symptome mit Medikamenten und Verhaltenstherapie behandelt werden.

## Was ist eine Aufmerksamkeitsdefizit-Hyperaktivit ätsstörung (ADHS)?

Fällt es Ihrem Kind schwer, die Aufmerksamkeit zu behalten, sich zu Hause und in der Öffentlichkeit innerhalb angemessener Grenzen zu verhalten oder ruhig zu sitzen, wenn es dazu aufgefordert wird? Die Unfähigkeit, sich in Grenzen zu halten oder ruhig zu sitzen, ist ein typisches Kindheitsverhalten, wenn es in verschiedenen Altersstufen und von Zeit zu Zeit auftritt.

Wenn dieses Verhalten jedoch regelmäßig auftritt und das tägliche Leben Ihres Kindes beeinträchtigt, kann es an ADHS leiden.

ADHS ist eine neurologische Entwicklungskrankheit, die das Familienleben beeinträchtigen kann. Der Begriff „neurologische Entwicklung" bezieht sich auf das Nervensystem, zu dem auch das Gehirn gehört, während es sich im Laufe eines Lebens entwickelt.

ADHS-Verhalten beginnt normalerweise im Alter von 7 Jahren, symptomatisches Verhalten kann jedoch schon vorher auftreten. Mit ADHS haben Kinder möglicherweise Schwierigkeiten mit Impulsivität, Hyperaktivität, Abgelenktheit, dem Befolgen von Anweisungen und dem Beenden von Aktivitäten. Aber ADHS ist heilbar.

Wenn sich Symptome einer Aufmerksamkeitsdefizit-Hyperaktivitätsstörung im Kindesalter entwickeln, bleiben sie in etwa der Hälfte aller Fälle bis ins Erwachsenenalter bestehen. Erwachsenen mit ADHS fällt es typischerweise schwer, Anweisungen zu befolgen, sich an Informationen zu erinnern und sich auf die Arbeit zu konzentrieren oder diese zu arrangieren.

Ohne eine wirksame Erkennung und Kontrolle dieser Verhaltensweisen kann ADHS zu verhaltensbezogenen, emotionalen, akademischen, beruflichen und sozialen Schwierigkeiten führen, die die Lebensqualität beeinträchtigen.

## WAS IST DER UNTERSCHIED ZWISCHEN ADHS UND ADS (Aufmerksamkeitsdefizitsyndrom)?

ADHS ist der einzige Begriff, der dieser Diagnose zugewiesen wird, aber es gibt verschiedene Erscheinungsformen von ADHS – ADHS-Unaufmerksamkeitspräsentation, ADHS-Hyperaktivitäts-/Impulsive-Präsentation, ADHS-Kombinationspräsentation (sowohl Unaufmerksamkeit als auch H/I-Verhalten) und eine vierte Art namens Nicht näher bezeichnete ADHS, eine verwendete Diagnose wenn die Symptome unklar sind.

## WIE HÄUFIG IST ADHS?

Etwa 11 % der Kinder zwischen vier und 17 Jahren leiden an ADHS. Die ersten Symptome von ADHS treten häufig im Alter zwischen drei und sechs Jahren auf. Das durchschnittliche Diagnosealter für ADHS liegt bei sieben Jahren. Bei Kindern ist die

Krankheit bei Jungen dreimal häufiger als bei Mädchen.

ADHS ist nicht nur eine Kinderkrankheit. Etwa 4 % der amerikanischen Erwachsenen über 18 kämpfen regelmäßig mit ADHS-Verhalten. Im Erwachsenenalter wird es bei Männern und Frauen gleichermaßen diagnostiziert.

## IST ADHS EINE GEISTESKRANKHEIT?

Per Definition ist ADHS besser als neurologische Entwicklungsstörung zu bezeichnen, nicht als „psychische Krankheit". Der Begriff „psychische Krankheit" ist ein ziemlich weit gefasster Begriff für jede Form von Störung, die die Stimmung, das Verhalten oder das Denken beeinflusst.

ADHS wird am besten als Verhaltensmuster verstanden – etwas Ungewöhnliches in der Art und Weise, wie eine Person Dinge tut –

und nicht als etwas, das mit ihr „nicht stimmt".

Es gibt Hinweise darauf, dass ADHS mit neuronalen Bahnen der Gehirnfunktion (dem Standardmodus und dem aufgabenpositiven Modus) zusammenhängt. Diese Funktionsweise führt zu Problemen und Verhaltensweisen in bestimmten Altersstufen (Entwicklungsstadien) – daher ist der Begriff neurologische Entwicklungskrankheit eine weitreichendere Bezeichnung für das Problem ADHS.

**Ist ADHS eine Form von AUTISMUS?**
Nein, dennoch handelt es sich bei beiden um neurologische Entwicklungskrankheiten. Allerdings haben viele Kinder mit Autismus ADHS. Aber die beiden Umstände sind ihrem Ausdruck und ihrer Definition nach äußerst unterschiedlich.

**Ist ADHS eine Lernbehinderung?**

ADHS ist keine Lernstörung, kann aber durchaus das Lernen beeinträchtigen. Etwa 30 bis 40 % der Kinder mit ADHS haben auch eine Lernbehinderung. Kinder mit ADHS haben ebenso wie Menschen mit einer Lernbehinderung Anspruch auf sonderpädagogische Leistungen.

**SYMPTOME UND URSACHEN**

Was sind die Symptome von ADHS?

Kinder, Jugendliche und Erwachsene mit ADHS weisen ein anhaltendes Muster von drei Arten grundlegender Verhaltensweisen auf:

Unaufmerksamkeit: Schwierigkeiten, die Aufmerksamkeit auf Aufgaben zu richten.

IMPULSIVITÄT: Dinge aus spontanen Wünschen heraus tun, ohne darüber nachzudenken, wie z. B. im Unterricht schreien, ein Spielzeug werfen oder jemanden in einer Diskussion unterbrechen. Bei Erwachsenen kann der Drang unbesonnen sein, beispielsweise zu viel Geld auszugeben.

HYPERAKTIVITÄT: Unruhe wie Unruhe, Unfähigkeit, sitzen zu bleiben, wenn Sitzen erforderlich ist, z. B. in der Kirche oder in der Schule, sich zu bewegen oder zu klettern, wenn dies unangemessen ist.

Kinder, Jugendliche und Erwachsene mit ADHS werden anhand des Verhaltensmusters identifiziert, das am aktivsten vorhanden ist. Die drei typischsten ADHS-Ausprägungen sind überwiegend unaufmerksam, überwiegend hyperaktiv/impulsiv und eine Mischung aus diesen Kategorien.

**Die überwiegend unaufmerksame Erscheinung von ADHS wird durch**

**die folgenden neun Verhaltensweisen definiert:**

- Achtet nicht aufmerksam auf Details oder begeht gedankenlose Fehler im Studium, bei der Arbeit oder bei anderen Aktivitäten.
- Hat Probleme, die Aufmerksamkeit während der Arbeit oder beim Spielen zu fokussieren.
- Scheint nicht zuzuhören, selbst wenn man direkt mit ihm spricht.
- Hat Schwierigkeiten, Anweisungen zu befolgen (erledigt beispielsweise die Schule, die Hausarbeit oder andere Aufgaben nicht rechtzeitig).
- Hat oft Probleme, Aufgaben oder Aktivitäten zu koordinieren.
- Vermeidet oder hasst Jobs, die ständige geistige Anstrengung erfordern, wie z. B. Schulunterricht, Hausaufgaben oder das Erstellen von Berichten, das Ausfüllen von

Formularen und das Studium langer Dokumente.

- Verliert häufig wichtige Dinge wie Bücher, Stifte, Werkzeuge, Brieftaschen/Geldbörsen, Schlüssel, Papiere, Telefone und Brillen.
- Kann leicht durch Handlungen oder Ideen abgelenkt werden, die nichts mit der vorliegenden Arbeit zu tun haben.
- Ist bei alltäglichen Pflichten häufig vergesslich
- (z. B. Hausarbeiten erledigen, Besorgungen machen, Anrufe zurückrufen, Rechnungen bezahlen und Termine einhalten).

**Zu den Verhaltensweisen des ADHS-Typs mit vorwiegend Hyperaktivität/Impulsivität gehören:**

- Zappelt regelmäßig herum, klopft mit Händen oder Füßen oder windet sich.

- Verlässt den Sitzplatz im Klassenzimmer oder im Büro, während das Sitzen erwartet wird.
- Läuft oder klettert übermäßig, wenn es nicht akzeptabel ist; fühlt sich ständig unruhig (ob Teenager oder Erwachsener) (ob Jugendlicher oder Erwachsener).
- Hat Probleme beim diskreten Spielen oder der diskreten Teilnahme an Freizeitaktivitäten.
- Erscheint immer „unterwegs" oder „motorisch angetrieben".
- Redet zu viel.
- Platzt mit den Antworten heraus, bevor die Fragen vollständig gestellt wurden; Ältere Kinder beenden möglicherweise häufig Sätze für diejenigen, die sprechen.
- Hat häufig Probleme, darauf zu warten, dass er an die Reihe kommt.
- Unterbricht oft die Diskussionen oder Spiele anderer oder stört sie.

## WAS SIND DIE RISIKOFAKTOREN VON ADHS?

ADHS ist meist eine Erbkrankheit. Wenn bei einem oder beiden Elternteilen ADHS diagnostiziert wurde, ist die Wahrscheinlichkeit höher, dass auch ihre Kinder davon betroffen sind. Obwohl die spezifische Ätiologie (d. h. die Ursprünge) von ADHS nach wie vor unklar ist, stellen Ärzte im Gesundheitswesen mehrere miteinander verbundene Risikofaktoren fest:

BIOLOGISCH: ADHS hängt mit der Art und Weise zusammen, wie bestimmte Neurotransmitter (Chemikalien im Gehirn, die bei der Verhaltenskontrolle helfen) funktionieren, insbesondere Dopamin und Noradrenalin, und dieser Unterschied führt zu Veränderungen in zwei verschiedenen Aufmerksamkeitsnetzwerken des Gehirns – dem Standardnetzwerk, das mit automatischer Aufmerksamkeit verbunden ist und das aufgabenpositive Netzwerk, verbunden mit gezielter oder mühsamer Aufmerksamkeit.

UMWELT: Die Exposition gegenüber Toxinen (Giften) in der Umwelt (z. B. Blei) wurde mit ADHS bei Kindern in Verbindung gebracht.

PRÄNATALE SUBSTANZENEXPOSITION (WÄHREND DER SCHWANGERSCHAFT): Rauchen und/oder Drogen- und Alkoholkonsum während der Schwangerschaft sind mit ADHS bei Kindern verbunden.

## Was verschlimmert die ADHS-Symptome?

Bestimmte Aktionen werden basierend auf dem Alter einer Person vorhergesagt. Da das Gehirn nicht bei jedem Menschen im gleichen Tempo wächst, können die kognitiven Fähigkeiten bei manchen

Menschen schlecht sein, bei anderen jedoch nicht.

Ein Kind im Alter von 10 Jahren könnte beispielsweise nur die Talente eines jüngeren Kindes im Alter von 8 Jahren haben und nicht die Talente seiner gleichaltrigen Klassenkameraden. Wenn Sie oder Ihr Kind älter werden, besteht das Problem also nicht darin, dass sich ADHS verschlimmert, sondern darin, dass die Talente des Kindes nicht mit dem Alter synchronisiert werden.

Obwohl ADHS nicht „schlimmer" wird, werden die vom Einzelnen geforderten Aktivitäten mit zunehmendem Alter und den Umständen anspruchsvoller, z. B. höhere Erwartungen in der Schule, wodurch problematische Verhaltensweisen (z. B. pünktliches Erledigen von Aufgaben) anspruchsvoller werden. Beispielsweise erhält der Jugendliche möglicherweise eine schlechtere Note, wenn er eine Aufgabe zu spät abgibt. Beispiele für solche Schwierigkeiten sind:

Neue Herausforderungen ohne ausreichende Unterstützung meistern: In der Schule treten regelmäßig neue und schwierigere Hindernisse auf. Je höher die Klassenstufe eines Kindes, desto anspruchsvoller werden die schulischen Aufgaben, etwa das Verfassen langer Berichte oder das Studium mehrerer Kapitel eines Geschichtsbuchs.

Die Komplexität der Aufgaben beim Lesen, Rechtschreiben, Rechnen und im Umgang mit Gleichaltrigen stellt für Jugendliche, die nur begrenzt in der Lage sind, die Anforderungen zu erfüllen, Probleme dar. Ohne die zusätzliche Unterstützung von Eltern und Lehrern könnte ein Kind mit ADHS deutlich mehr Probleme haben.

HÄUFIG WERDEN KINDER FÜR HANDLUNGEN BESTRAFT, DIE SIE

NICHT KONTROLLIEREN KÖNNEN: Kinder mit ADHS können von Eltern und Lehrern ausgeschimpft und bestraft werden, sie können von Klassenkameraden herabgewürdigt werden, weil sie Aufgaben nicht erfüllen oder sich nicht an ihre Schulzeit erinnern können, und manche wissen möglicherweise nicht, wie richtig mit ihren Freunden spielen.

Erwachsene können von Vorgesetzten an ihrem Arbeitsplatz dafür bestraft werden, dass sie vergessen haben, ihre Arbeit zu erledigen, und manchmal sogar von Familienmitgliedern, weil sie es versäumt haben, organisiert zu bleiben oder sich nicht auf die Erfüllung ihrer Aufgaben zu konzentrieren.

**ZUSÄTZLICHE PROBLEME MIT DEM DENKEN, EMOTIONEN UND VERHALTEN:**

Psychiatrische Erkrankungen wie Traurigkeit und Angstzustände kommen bei Menschen mit ADHS häufig vor. Bei Kindern ist die Wahrscheinlichkeit, dass sie mindestens ein Problem haben, um 62 % höher. Erwachsene mit ADHS haben ein sechsmal höheres Risiko, an einer Störung zu leiden. Menschen mit ADHS sind außerdem anfälliger für den Missbrauch von Drogen und Alkohol.

STRESS: So viele Dinge können im Leben eines Menschen mit ADHS zu zusätzlichem Stress führen. Beispiele hierfür sind schwere körperliche Krankheiten, häusliche Gewalt, Scheidung, Verlust des Arbeitsplatzes oder der Tod eines Freundes oder Familienmitglieds.

KEINE THERAPIE: Aktuellen Statistiken zufolge erhielten 17,5 % der Kinder im Alter von vier bis 17 Jahren in den Vereinigten Staaten keine Behandlung — weder verhaltenstherapeutisch noch medikamentös – gegen ADHS. Die Behandlung ist für die Behandlung von ADHS-Symptomen von entscheidender Bedeutung.

## DIAGNOSE UND TESTS

Wie wird ADHS bei Kindern, Jugendlichen und Erwachsenen diagnostiziert?
Um bei einem Kind eine Diagnose zu stellen, muss das medizinische Fachpersonal drei Maßnahmen ergreifen. Der Arzt muss:

- Identifizieren Sie das Vorhandensein von ADHS-Symptomkriterien
- Schließen Sie alternative Symptomquellen aus
- Identifizieren Sie komorbide Erkrankungen (andere Erkrankungen wie Depressionen oder Angstzustände).

Aber die Aufgabe ist noch nicht erledigt. Darüber hinaus müssen bestimmte Anforderungen erfüllt sein. Erstens müssen die symptomatischen Verhaltensweisen an zwei oder mehr Orten erkennbar sein, beispielsweise zu Hause und in der Schule. Zweitens müssen die Symptome beeinträchtigend sein. Sie kommen nicht nur deshalb vor, weil jeder gelegentlich an solchen Aktionen teilnimmt.

Drittens müssen symptomatische Verhaltensweisen bereits in der Kindheit erkennbar gewesen sein, oft vor dem Alter von 12 Jahren.
Schließlich können die Symptome keine Folge einer anderen Krankheit sein, bei der es sich nicht um ADHS handelt. Wenn eine Person beispielsweise unglücklich oder nervös ist, kann es gelegentlich zu unaufmerksamem Verhalten kommen. Der Arzt erkennt ADHS-Symptome, indem er Ihnen Fragen zum Verhalten Ihres Kindes zu Hause und in der Schule stellt (d. h.

Verhaltensweisen, die die Erzieher Ihres Kindes mit Ihnen besprochen haben). Als nächstes wird Ihr Arzt andere wahrscheinliche Krankheiten mit vergleichbaren Symptomen ausschließen. Zu diesen Bedingungen gehören:

- Angst.
- Depression.
- Lernschwierigkeiten.
- Autismus.
- Unentdeckte Anfälle.
- Medizinische Erkrankungen, die die Funktion des Gehirns beeinträchtigen.
- Schilddrüsenerkrankungen.
- Bleivergiftung (Vergiftung) (Vergiftung).
- Schlafprobleme.

Auch eine große Lebensveränderung (z. B. Scheidung, Tod in der Familie oder Umzug in ein neues Haus) kann zu Verhaltensweisen führen, die möglicherweise mit ADHS fehlinterpretiert werden.

Manchmal kann ein Erwachsener die Verhaltensweisen von ADHS bei sich selbst erkennen, wenn bei seinem Sohn oder seiner Tochter die Diagnose gestellt wird. In anderen Fällen suchen Menschen möglicherweise professionelle Hilfe und stellen fest, dass ihre Verzweiflung oder Angst auf ADHS zurückzuführen ist.

Die American Psychological Association veröffentlicht Empfehlungen, um Ärzten bei der Diagnosestellung zu helfen.

Um mit ADHS diagnostiziert zu werden, müssen Kinder in den letzten sechs Monaten sechs oder mehr Symptome in einer der beiden (oder beiden) Hauptkategorien – 1) Unaufmerksamkeit und/oder 2) Hyperaktivität/Impulsivität (siehe Abschnitt „Symptome") – von ADHS aufweisen . Um als Erwachsener ADHS zu diagnostizieren, müssen Sie mindestens sechs Monate lang fünf oder mehr der anerkannten ADHS-Verhaltensweisen in einer dieser Kategorien zeigen und es müssen Beweise wie z. B. Erinnerungen an Schulerlebnisse vorliegen, die darauf hindeuten, dass die Symptome in der Kindheit vorhanden waren.

Um es noch einmal zu betonen: Zusätzlich zu den ADHS-Merkmalen müssen Kinder, Jugendliche und Erwachsene die folgenden Kriterien erfüllen:

Die Symptome müssen die Ausbildung, das Privat- oder Berufsleben beeinträchtigen.

Die Symptome müssen in zwei oder mehr Kontexten auftreten (z. B. zu Hause, in der Kirche, in der Schule, am Arbeitsplatz, unter Freunden oder in sozialen Gruppen/Aktivitäten).

Die Symptome traten vor dem 12. Lebensjahr auf.

**Basierend auf einer Überprüfung der gesammelten Informationen kann Ihr Gesundheitsdienstleister bei einem Erwachsenen oder einem Kind eine der folgenden Arten von ADHS diagnostizieren:**

ÜBERWIEGENDER HYPERAKTIVER/IMPULSIVER TYP: Sie oder Ihr Kind müssen in den letzten sechs Monaten hyperaktives/impulsives Verhalten gezeigt haben, aber nicht die Voraussetzungen für Unaufmerksamkeit erfüllen.

Vorwiegend unaufmerksamer Typ (früher bekannt als Aufmerksamkeitsdefizitstörung oder ADS): Sie oder Ihr Kind müssen seit sechs Monaten ein unaufmerksames Verhalten zeigen, das jedoch nicht den Anforderungen für hyperaktiv/impulsiv entspricht.

KOMBINIERTER TYP (unaufmerksam und hyperaktiv/impulsiv): Symptome beider Formen von ADHS müssen in den letzten sechs Monaten vorhanden sein. Dies ist die häufigste Form von ADHS bei Jugendlichen.

ANDERES SPEZIFIZIERTES/UNSPEZIFIZIERTES ADHS: Kinder, Jugendliche oder Erwachsene zeigen unaufmerksames Verhalten, erfüllen jedoch nicht das folgende Diagnosekriterium.
Bedenken Sie, dass sich die Symptome im Laufe der Zeit ändern können und daher auch die Diagnose der Art von ADHS variieren kann.

**Wie sollte ich mich auf den Termin meines Kindes zum Thema ADHS vorbereiten?**
Wenn Sie den Verdacht haben, dass Ihr Kind Probleme mit der Aufmerksamkeit, Hyperaktivität oder Impulsivität hat und es

den Anschein hat, dass sein Verhalten zu Hause und seine Leistungen in der Schule dadurch beeinträchtigt werden, sollten Sie als Nächstes Ihren Arzt konsultieren.

Wenn die Symptome die Bildung Ihres Kindes beeinträchtigen, wenden Sie sich an die Schule und lassen Sie sich untersuchen. Beschreiben Sie bei Ihrer Anfrage so gut wie möglich die Art der Bildungs- oder Verhaltensprobleme Ihres Kindes.

Schulen sollen Jugendliche (im Alter von drei bis 21 Jahren) testen, wenn es Hinweise auf eine Erkrankung gibt, die ihr Lernen beeinträchtigt. Diese Prüfung ist kostenlos und muss laut Gesetz geeignete standardisierte Prüfungen enthalten. Schultests können zu Veränderungen im Klassenzimmer führen.

Die Schule diagnostiziert keine ADHS, nimmt aber die Symptome zur Kenntnis und vergibt in der Regel die Einstufung „Other

Health Impaired" (OHI). Holen Sie sich eine Kopie des Schulberichts und bringen Sie ihn zum Treffen mit dem Arzt mit.

Bei Bedarf kann der Familienerbringer Ihnen raten, Ihr Kind zu einem Spezialisten zu schicken, der auf ADHS und andere Entwicklungs-, Verhaltens- oder psychische Gesundheitsstörungen spezialisiert ist.


## MANAGEMENT UND BEHANDLUNG

Wie wird Pharmakotherapie zur Behandlung von ADHS eingesetzt?

Eine Reihe von Medikamenten, sogenannte Psychostimulanzien, sind eine wirksame Therapie für ADHS. Die beiden am häufigsten verwendeten Medikamente in dieser Familie sind Methylphenidat (typischerweise bekannt als Ritalin) und Dextroamphetamin (ähnlich wie Adderall) (ähnlich wie Adderall). Diese Medikamente helfen Menschen mit ADHS, sich zu konzentrieren und Ablenkungen zu ignorieren. Stimulierende Medikamente sind bei 70 bis 90 % der Menschen mit ADHS von Vorteil. Auch neue Medikamente werden entwickelt.

BEISPIELE FÜR KURZWIRKENDE (SOFORTIGE FREISETZUNG), ZWISCHENWIRKENDE UND LANGWIRKENDE FORMEN DIESER MEDIKAMENTE SIND:

METHYLPHENIDATE
Kurzwirksam: Ritalin®, Focalin®, Methylin Chewable®, Methylin Solution®.
Langwirksame Zwischenfreisetzung: Ritalin SR®, Methylin®, Metadate ER®.
Langwirksame verlängerte Wirkstofffreisetzung: Concerta®, Aptensio® XR, Metadate CD®, Metadate ER®, Ritalin LA®, Focalin XR®, Daytrana®, Quillivant XR® (flüssig) Jornay.

D-AMPHETAMINE

Kurzwirksam: Dextrostat®, Dexedrine Tabs®, Evekeo®, Zenzedi®, Adderall®, ProCentra®.
Langwirksame Zwischenfreisetzung: Adderall®, Dexedrine Spansule®.
Langwirksame verlängerte Wirkstofffreisetzung: Vyvanse®, Adderall XR®, Dyanavel® XR, Adzenys® XR-ODT.

Zu den nicht stimulierenden Arzneimitteln gehören Atomoxetin (Strattera®), Guanfacin (Intuniv®) und Clonidin (Kapvay®). Sie werden üblicherweise als Zusatztherapie eingesetzt oder können auch allein verwendet werden, wenn der Arzt dies genehmigt. Neue nicht-stimulierende Formulierungen sind bei verschiedenen Pharmaunternehmen in der Entwicklung.

Es gibt keine Möglichkeit, vollständig zu wissen, welches Arzneimittel und welche Dosierung für Sie oder Ihr Kind am besten geeignet ist, es sei denn, Sie probieren es aus. Ihr Arzt muss möglicherweise viele

verschiedene Formeln verschreiben und beurteilen, wie Sie oder Ihr Kind darauf reagieren. Typischerweise wird der Arzt „mit einer niedrigen Dosierung beginnen und dann langsam vorgehen".
Die häufigsten Nebenwirkungen von ADHS-Medikamenten sind verminderter Appetit, Schlafstörungen und Reizbarkeit. Glücklicherweise sind die Nebenwirkungen häufig gering und von kurzer Dauer und treten in der Regel schon früh in der Therapie auf.

Wenn sie bestehen bleiben oder Sie oder Ihr Kind im Alltag beeinträchtigen, wird Ihr Arzt in der Regel Ihr Rezept anpassen oder die Menge verringern. Die wichtigste Frage lautet: „Überwiegt der Nutzen des Arzneimittels die Nebenwirkung?" Die wirksamste Behandlung ist eine medikamentöse Kombination mit einer Verhaltenstherapie.

**Welche Verhaltenstherapien werden zur Behandlung von ADHS bei Kindern und Erwachsenen eingesetzt?**

Die beste Prävention gegen ADHS, die durch umfangreiche Beweise gestützt wird, ist die Anwendung einer Kombinationsstrategie aus Verhaltensintervention und Medikamenten. Medikamente reichen nicht aus, um die ADHS bei Ihnen oder Ihrem Kind zu heilen. Das alte Sprichwort – Medikamente vermitteln keine Fähigkeiten – ist hier absolut relevant. Daher ist es besser, medizinische Therapien mit Verhaltenstherapie zu kombinieren.

**ZU VERHALTENSBEHANDLUNGEN FÜR ADHS IM KIND UMFASST:**

VERHALTENSÄNDERUNG: Bei dieser Therapie wird das Verhalten Ihres Kindes untersucht und es werden Taktiken entwickelt, um akzeptables Verhalten zu verbessern und unangemessenes Verhalten zu minimieren. Ein solches Programm für Kinder mit ADHS heißt Summer Treatment Program und wurde von Dr. William Pelham von der Florida International University ins Leben gerufen.

VERHALTENSSCHULUNG FÜR ELTERN: Dieses Training hilft Eltern, auf die Handlungen ihres Kindes so zu reagieren, dass Wachstum und Entwicklung gefördert werden und eine gesunde Eltern-Kind-Verbindung entsteht. Das Elterntraining findet häufig gleichzeitig mit der Verhaltensänderung oder dem Training der sozialen Fähigkeiten des Kindes statt. Ein ausgezeichnetes Elternschulungsprogramm ist 1-2-3 Magic von Thomas Phelan.

SOZIALE FÄHIGKEITEN-TRAINING: Dieses Training vermittelt soziale Fähigkeiten, die die Fähigkeit des Kindes verbessern, sich gegenüber Gleichaltrigen und Erwachsenen in der Schule und zu Hause positiv und erfolgreich zu verhalten. Es bietet auch Raum, die Fähigkeiten in einer sicheren, einladenden Kultur zu üben.

SCHULISCHE INTERVENTIONEN: Ein Spezialist kann mit dem Bildungsteam Ihres Kindes zusammenarbeiten, um eine mehrstufige Beurteilung (MFE) wie oben beschrieben durchzuführen, um einen individuellen Bildungsplan (IEP), einen 504-Plan oder eine andere klassenzimmerbasierte Intervention zu erstellen.

ORGANISATIONSTECHNIKEN-PROGRA MM:
Diese Schulung vermittelt älteren Kindern Fähigkeiten, die ihnen dabei helfen, ihr Zeitmanagement und ihre organisatorischen Fähigkeiten zu verbessern und Führungsfunktionen effektiv einzusetzen, um die Effizienz und die Erledigung von

Aufgaben zu Hause und in der Schule zu steigern.

Verhaltenstherapie bei Erwachsenen hilft Ihnen, den Druck von Beruf, Beziehungen und Bildungschancen zu bewältigen. ADHS-Coaches sind ausgebildet und akkreditiert, um Menschen mit ADHS bei der Kontrolle ihrer Symptome zu helfen.

## VERHALTENSBEHANDLUNGEN FÜR ERWACHSENE MIT ADHS UMFASST:

- Individuelle kognitive Verhaltensbehandlung („Gesprächstherapie") zur Stärkung des Selbstwirksamkeitsgefühls einer Person.
- Entspannungstraining und Stressbewältigung zur Minimierung von Ängsten und Anspannung.

- Verhaltenscoaching zur Vermittlung von Möglichkeiten zur Gestaltung von Heim- und Arbeitsaktivitäten.
- Job-Coaching oder Mentoring zur Förderung besserer Arbeitsbeziehungen und zur Steigerung der Leistung am Arbeitsplatz.

Familienaufklärung und -beratung stellen sicher, dass jeder in der Familie ADHS und seine Symptome kennt.

## TIPPS, UM ADHS-KINDER ZU HAUSE ZU BEHANDELN

Legen Sie eine Routine fest: Ein regelmäßiger Tagesablauf kann ADHS-Jugendlichen helfen, sich besser unter Kontrolle zu fühlen und sich auf Dinge konzentrieren zu können.

VERWENDEN SIE VISUELLE HILFEN: Visuelle Hilfsmittel wie Kalender,

Diagramme und Timer können ADHS-Jugendlichen dabei helfen, zu verstehen, was wann von ihnen erwartet wird.

TEILEN SIE DINGE IN KLEINERE TEILE AUF: Das Aufteilen großer Aktivitäten in kleinere, überschaubare Teile kann ADHS-Jugendlichen dabei helfen, sich zu konzentrieren und sie zu erledigen.

NUTZEN SIE BELOHNUNGEN UND ANREIZE: Positive Verstärkung kann ein wirksames Instrument sein, um ADHS-Jugendliche zu ermutigen, Aktivitäten zu beenden und sich richtig zu verhalten.

SORGEN SIE FÜR STRUKTUR: Klare Regeln und Strafen helfen ADHS-Jugendlichen zu verstehen, was von ihnen erwartet wird und welche Konsequenzen es hätte, wenn sie diese nicht befolgen.

VERWENDEN SIE EINE POSITIVE SPRACHE: Die Verwendung einer positiven Sprache und die Konzentration auf die Talente und Fähigkeiten des Kindes können dazu beitragen, das Selbstwertgefühl und den Tatendrang zu fördern.

FÖRDERN SIE KÖRPERLICHE ÜBUNG: Körperliche Aktivität kann ADHS-Jugendlichen dabei helfen, Energie freizusetzen und die Aufmerksamkeit zu steigern.
Ablenkungen begrenzen: Die Minimierung von Ablenkungen wie Lärm und Unordnung kann ADHS-Jugendlichen dabei helfen, konzentriert zu bleiben.

OPTIONEN GEBEN: ADHS-Jugendlichen die Wahl zu geben, könnte ihnen helfen, sich kontrollierter und motivierter zu fühlen.

Setzen Sie Lob und Ermutigung ein: Die Anerkennung und Anerkennung von hervorragendem Verhalten und Einsatz kann ADHS-Kindern helfen, sich gut zu fühlen.

Schaffen Sie einen ruhigen Lernraum: Ein spezieller ruhiger Lernbereich kann ADHS-Jugendlichen helfen, sich auf Schularbeiten und andere Aufgaben zu konzentrieren.

Bieten Sie Einzelgespräche: Zeit mit ADHS-Kindern im Einzelgespräch zu verbringen, kann ihnen helfen, sich einzigartig und verstanden zu fühlen.

Wenden Sie konsequente Disziplin an: Durch konsequente Disziplin können ADHS-Jugendliche besser verstehen, was von ihnen erwartet wird und welche Auswirkungen es hätte, wenn sie sich nicht an die Regeln halten.

Seien Sie geduldig: ADHS-Kinder haben normalerweise Schwierigkeiten, sich zu konzentrieren und Dinge zu Ende zu bringen. Daher ist es wichtig, geduldig und einfühlsam zu sein.

ERMÖGLICHEN SIE FLEXIBILITÄT: Flexibilität in der Zeitplanung und in den Routinen kann ADHS-Jugendlichen helfen, sich besser unter Kontrolle zu fühlen.

VERWENDEN SIE HUMOR: Der Einsatz von Humor kann ADHS-Jugendlichen helfen, sich zu entspannen und sich wohler zu fühlen.

Nutzen Sie positive Verstärkung: Positive Verstärkung kann eine wirksame Technik sein, um ADHS-Jugendliche zu ermutigen, Aktivitäten zu beenden und sich richtig zu verhalten.
ANWENDUNGSBEREICH: Der Einsatz verschiedener Aktivitäten und Methoden

kann ADHS-Jugendlichen dabei helfen, interessiert und motiviert zu bleiben.

VERWENDEN SIE MUSIK: Das Hören von Musik kann ADHS-Jugendlichen helfen, sich zu entspannen und zu konzentrieren.

SCHAFFEN SIE EINE RUHIGE ATMOSPHÄRE: Die Schaffung einer ruhigen und friedlichen Umgebung kann dazu beitragen, dass sich ADHS-Jugendliche wohler und aufmerksamer fühlen.

VERWENDEN SIE VISUELLE HINWEISE: Visuelle Hinweise wie Zeichnungen oder Symbole können ADHS-Jugendlichen dabei helfen, zu verstehen, was von ihnen erwartet wird.

NUTZEN SIE TECHNOLOGIE: Technologien wie Apps und Spiele können ADHS-Jugendlichen dabei helfen, sich zu konzentrieren und zu lernen.

VERWENDEN SIE ENTSPANNUNGSMETHODEN: Entspannungstechniken wie tiefes Atmen und Yoga können ADHS-Jugendlichen helfen, sich zu beruhigen und zu konzentrieren.

Nutzen Sie positive Selbstgespräche: Wenn Sie ADHS-Jugendliche dazu ermutigen, positive Selbstgespräche zu führen, werden sie sich besser fühlen.

FÖRDERN SIE DIE SOZIALISIERUNG: Die Ermutigung von ADHS-Jugendlichen zur Sozialisierung kann ihnen dabei helfen, Freundschaften zu schließen und ihre sozialen Fähigkeiten zu verbessern.

Geben Sie positive Kommentare ab: Positives Feedback hilft ADHS-Jugendlichen, sich selbst und ihre Bemühungen gut zu fühlen.

NUTZEN SIE ROLLENSPIELE: Rollenspiele können ADHS-Jugendlichen dabei helfen, soziale Fähigkeiten zu entwickeln und unterschiedliche Ansichten zu erfassen.

VERWENDEN SIE HUMOR: Der Einsatz von Humor kann ADHS-Jugendlichen helfen, sich zu entspannen und sich wohler zu fühlen.

VERWENDEN SIE EINE GUTE VISUALISIERUNG: Wenn Sie ADHS-Jugendliche dazu ermutigen, sich positive Ergebnisse vorzustellen, fühlen sie sich selbstbewusster und motivierter.

SORGEN SIE FÜR EINE SICHERE UND UNTERSTÜTZENDE UMGEBUNG: Die Bereitstellung einer sicheren und unterstützenden Umgebung kann ADHS-Jugendlichen helfen

# TIPPS ZUM HEILEN MIT ADHS-KINDERN IN DER SCHULE

- Erstellen Sie einen Tagesplan und halten Sie sich so weit wie möglich daran.
- Teilen Sie die Arbeit in kleinere, überschaubare Portionen auf.
- Verwenden Sie visuelle Hilfsmittel wie Bilder oder Diagramme, um Anweisungen zu veranschaulichen.
- Sorgen Sie den ganzen Tag über für Mobilität und körperliche Betätigung.
- Nutzen Sie positive Verstärkung und Auszeichnungen für hervorragendes Verhalten.
- Sorgen Sic für klare und konsistente Konsequenzen für unerwünschtes Verhalten.
- Ermutigen Sie den Jugendlichen, den ganzen Tag über Pausen einzulegen.
- Verwenden Sie einen Timer, um dem Jugendlichen zu helfen, auf dem richtigen Weg zu bleiben.

- Bieten Sie dem Jugendlichen die Möglichkeit, in Interessenbereichen oder Stärken erfolgreich zu sein.
- Nutzen Sie Technologien wie Anwendungen oder Programme, um die Organisation und das Zeitmanagement zu unterstützen.
- Bieten Sie zusätzliche Hilfe für Organisation und Zeitmanagementfähigkeiten.
- Nutzen Sie ein Belohnungssystem, um Aufgaben zu erledigen und auf dem richtigen Weg zu bleiben.
- Sorgen Sie für einen ruhigen und ablenkungsfreien Arbeitsplatz.
- Planen Sie andere Sitzalternativen wie Stehpulte oder Sitzsäcke ein.
- Fördern Sie körperliche Übungen wie Pausen oder Sportunterricht.
- Stellen Sie dem Jugendlichen einen Zappel- oder Stressball zur Verfügung, den er während des Unterrichts verwenden kann.

- Nutzen Sie einen Planer oder Kalender, um dem Kind dabei zu helfen, organisiert und auf dem Laufenden zu bleiben.
- Geben Sie klare und detaillierte Anweisungen.
- Nutzen Sie soziale Geschichten, um soziale Fähigkeiten und akzeptables Verhalten zu vermitteln.
- Nutzen Sie ein Token-Economy-System, um positives Verhalten zu fördern.
- Bieten Sie zusätzliche Hilfe für Lese- und Schreibfähigkeiten.
- Planen Sie zusätzliche Zeit für Prüfungen und Hausaufgaben ein.
- Ermutigen Sie das Kind, eine Checkliste oder To-Do-Liste zu verwenden, um am Ziel zu bleiben.
- Verwenden Sie als visuelle Hilfe ein Whiteboard oder eine trocken abwischbare Tafel.
- Sorgen Sie vor und nach Übergängen für eine Lücke.

- Planen Sie einen flexiblen Zeitplan ein, z. B. variable Unterrichtszeiten oder Arbeiten von zu Hause aus.
- Stellen Sie dem Kind einen ruhigen Ort zur Verfügung, an dem es den ganzen Tag über ausruhen kann.
- Ermutigen Sie den Jugendlichen, sich an außerschulischen Aktivitäten zu beteiligen, um die Impulskontrolle zu unterstützen.
- Nutzen Sie einen visuellen Zeitplan, um dem Kind zu helfen, den ganzen Tag über auf dem richtigen Weg zu bleiben.
- Geben Sie dem Jugendlichen die Möglichkeit, seine Fähigkeiten zur Problemlösung und Entscheidungsfindung zu trainieren.

Es ist wichtig zu erkennen, dass jedes Kind mit ADHS einzigartig ist und dass das, was bei einem Kind funktioniert, bei einem anderen möglicherweise nicht funktioniert.

Es ist von entscheidender Bedeutung, mit Eltern, Betreuern und Gesundheitsexperten zusammenzuarbeiten, um eine einzigartige Strategie zu entwickeln, die für das Kind am besten funktioniert.

## Was passiert, wenn ADHS unbehandelt bleibt?

Die Symptome bleiben bestehen, wenn ADHS unbehandelt bleibt und es den Betroffenen gestattet wird, sie selbst in den Griff zu bekommen. Kinder können in der Schule, zu Hause und im sozialen Umfeld leiden, während Erwachsene möglicherweise Probleme mit der Beschäftigung, der Bildung, den Kontakten zu Freunden und der Familie und vielem mehr haben. Unbehandeltes ADHS macht das Leben schwieriger als es sein muss.

## VERHÜTUNG

Wie kann ich ADHS verhindern?

Es gibt mehrere Kategorien von Risikofaktoren für die Entwicklung von ADHS, von denen einige angepasst werden können, andere nicht. Sie sind:

- Vererbung.
- Biologie.
- Umfeld.
- Pränatale Exposition gegenüber gefährlichen Chemikalien.

Wenn Sie oder Ihre Eltern an ADHS leiden, ist die Wahrscheinlichkeit größer, dass auch Ihre Kinder darunter leiden. Leider kann wenig getan werden, um die genetische Veranlagung einer ADHS-Erkrankung zu verhindern.

Das Gleiche gilt für biologische Faktoren. Menschen können mit einem chemischen Ungleichgewicht geboren werden oder über ausreichend funktionierende Neurotransmitter verfügen.

Umweltschadstoffe werden mit ADHS bei Jugendlichen in Verbindung gebracht. Eltern können ihr Haus beispielsweise auf Blei testen lassen, um eine Bleivergiftung zu vermeiden, die das Risiko für ADHS erhöht. Eine weitere Strategie zur Verringerung des ADHS-Risikos besteht darin, während der Schwangerschaft mit Ihrem Kind auf Rauchen, Trinken und Drogen zu verzichten.

**AUSBLICK / PROGNOSE**

Was kann ich erwarten, wenn ich oder mein Kind ADHS haben?

ADHS ist eine komplexe Krankheit mit vielen Symptomen. Wenn Sie oder Ihr Kind an ADHS leiden, informieren Sie sich so gut wie möglich über die mit dieser Diagnose verbundenen Probleme. Erwägen Sie Medikamente und Verhaltenstherapie. Ihr Arzt wird Ihnen dabei behilflich sein. Sie fassen die Ergebnisse der ADHS-Untersuchung zusammen und schlagen die geeignete Behandlung vor – im Allgemeinen eine Mischung aus Medikamenten und Verhaltenstherapie.

Ein qualifizierter Verhaltenstherapeut kann umfassende Vorschläge zur Kontrolle von ADHS machen und diese an die Umstände Ihrer Familie sowie die Stärken und Grenzen Ihres Kindes anpassen.

Außerdem ist es immer wichtig, die richtigen Erwartungen zu haben. Erwarten Sie nicht, dass Ihr Kind gleich beim ersten Aufwachen aufsteht, und seien Sie nicht zu hart zu sich selbst, wenn es schwierig ist, Fortschritte zu machen.
Normalerweise ist es besser, wenn Ihr Ehepartner und Ihre Freunde bei Dingen wie Organisation und Zeitmanagement mithelfen. Bleiben Sie mit Ihrem Arzt in Kontakt, insbesondere wenn es zu einer Verhaltensänderung oder einer Reaktion auf verschriebene Medikamente kommt.

Zwei wichtige Fragen, die Sie sich stellen sollten, sind:

- „Komme ich in der Welt des Handelns voran oder lebe ich in meinem Kopf?"
- „Komme ich meinen Werten näher oder entferne ich mich von dem, was ich schätze?"

**Wie lange werde ich ADHS haben?**

ADHS verschwindet nicht, aber viele Menschen lernen im Erwachsenenleben, effektiv damit umzugehen. ADHS ist eine lebenslange Krankheit und Verhaltensweisen werden in der Regel durch Medikamente und Verhaltenstherapie wirksam kontrolliert.

**LEBEN MIT**

Ein Kind mit ADHS kann sich normalerweise stark auf interessante Aktivitäten konzentrieren. Beispielsweise verbringen Kinder möglicherweise stundenlang vor dem Computer und spielen Videospiele, haben jedoch möglicherweise Probleme, selbst einfache Hausaufgaben zu erledigen, oder sie bekommen Wutanfälle und weigern sich, zu Hause Hausarbeiten oder Schulaufgaben zu erledigen.

Ihr Kind wendet eine bestimmte Form der Aufmerksamkeit an – die sogenannte automatische Aufmerksamkeit –, während es etwas tut, das für es von Interesse ist. Aufgaben, die Anstrengung erfordern, wie zum Beispiel Schularbeiten, erfordern jedoch eine besondere Form der Aufmerksamkeit – die sogenannte konzentrierte oder mühsame Aufmerksamkeit –, die schwieriger zu nutzen ist und weitaus mehr Anstrengung erfordert.

## Welche zusätzlichen Strategien gibt es für den Umgang mit der ADHS meines Kindes zu Hause?

Die folgenden Strategien können für den Umgang mit ADHS zu Hause hilfreich sein:

VERHALTEN: Geben Sie klare und konkrete Anweisungen und Grenzen: Kinder mit ADHS müssen genau wissen, was die Menschen von ihnen erwarten.

Erwischen Sie Ihr Kind dabei, brav zu sein: Wenn Sie ein Kind bestrafen, lernen Sie nur, was es nicht tun sollte. Gutes Verhalten zu erkennen und anzuerkennen ist eine hervorragende Strategie, um Ihrem Kind beizubringen, was es tun soll. Dadurch wird die Demonstration ordnungsgemäßen Verhaltens gestärkt.

EIN EFFEKTIVES VERHALTENSSYSTEM EINRICHTEN: Erstellen Sie ein konsistentes System, um ordnungsgemäßes Verhalten zu belohnen und auf Fehlverhalten mit Alternativen wie einer

„Auszeit" oder dem Verlust von Privilegien zu reagieren. Körperliche Züchtigung (Spanking) ist wirkungslos. Eine häufige Methode ist die Verwendung von „Murmeln im Glas", wobei das Kind eine Murmel für ein besonders gutes Verhalten in der Familie erhält. Wenn eine bestimmte Anzahl an Murmeln erworben wurde, können diese gegen ein Privileg eingetauscht werden.

ORGANISATION: Halten Sie sich an einen Zeitplan: Befolgen Sie jeden Tag den gleichen Zeitplan, vom Aufwachen bis zum Schlafengehen. Der Stundenplan sollte Zeit für Unterricht und Spiel beinhalten.

VERWENDEN SIE EINEN KALENDER ODER PLANER, DEN DAS KIND SEHEN KANN: Schaffen Sie einen Platz zum Notieren wichtiger Erinnerungen, Aufgaben und Ereignisse. Diese Techniken können besonders für Jugendliche und junge

Erwachsene von Nutzen sein, die Probleme mit dem Zeitmanagement haben.

ORGANISIEREN SIE GEGENSTÄNDE, DIE TÄGLICH BENÖTIGT WERDEN: Haben Sie einen Platz für alles und bewahren Sie alles an seinem Platz auf. Dazu gehören Kleidung, Taschen und Schulmaterialien. Eine Organisationscheckliste kann hilfreich sein.

ZEIT FÜR DIE HAUSAUFGABEN: Wählen Sie einen Bereich für die Hausaufgaben aus: Richten Sie einen Heimarbeitsplatz zum Lernen in der Schule in einer ruhigen Umgebung ohne Unordnung oder Ablenkungen ein.

VERWENDEN SIE WENIGER verbale Aufforderungen: Geben Sie klare und kurze Anweisungen. Finden Sie Methoden, um ein Kind still und leise auf die Hausarbeit hinzuweisen, etwa durch eine Geste, ein bestimmtes Zeichen oder kurze

„Anweisungslisten", die an einem Spiegel befestigt sind, den das Kind benutzt.

Stellen Sie einen Timer ein: Legen Sie einen Zeitplan für die Arbeit an Schulaufgaben fest. Wenn der Jugendliche es nicht schafft, machen Sie eine Pause und legen Sie eine neue Zeit für die Fertigstellung fest.

PAUSEN GEEIGNET: Gönnen Sie sich Zeit zum Entspannen und Auftanken, insbesondere wenn ein Kind umfangreiche Hausaufgaben oder Hausaufgaben aus zahlreichen Kursen hat.

LOBEN SIE DIE LEISTUNG UND VOLLSTÄNDIGKEIT: Belohnen Sie die vollendete Anstrengung des Kindes, anstatt unvollständige Arbeit zu bestrafen. Sagen Sie Ihrem Kind nicht, wie brillant es ist. Wenn Jugendliche glauben, dass sie „schlau" sind, hören sie auf, wenn sie das nächste Mal auf etwas stoßen, das für sie schwierig ist, weil sie sich nicht als unfähig zur Bewältigung der Aufgabe (also nicht als schlau) darstellen wollen.

## WELCHE STRATEGIEN KÖNNEN ELTERN MIT ADHS NUTZEN, UM KONFLIKTE MIT KINDERN MIT ADHS ZU LÖSEN?

Seien Sie sich bewusst: Akzeptieren Sie die Wahrheit, dass Sie wütend, gereizt und ängstlich sind. Das gilt auch für Ihr Kind oder Ihren Jugendlichen. Sie können Ihr Kind in schrecklichen Zeiten nicht unterstützen, wenn Sie Ihre eigenen Gefühle nicht regulieren können. Es kann hilfreich sein, die Hilfe eines Arztes in Anspruch zu nehmen.

Seien Sie ehrlich und positiv: Geben Sie Ihrem Kind zu, dass ADHS nicht einfach ist und dass es viel Arbeit erfordert, um auf dem richtigen Weg zu bleiben. Erzählen Sie ihnen von einigen der Probleme, die Sie persönlich erlebt haben, und davon, wie Sie sie effektiv überwunden haben. Verwenden Sie Comedy, um Sorgen oder Zorn abzulenken. Machen Sie es sich zur Gewohnheit, die Stärken Ihres Kindes zu fördern.

ÜBEN SIE EINE GESUNDE KONFRONTATION: Wenn Sie Ihre Wut verlieren wollen, wenden Sie diese Techniken an: Vermeiden Sie Anschuldigungen und konzentrieren Sie sich auf das Verhalten. Konzentrieren Sie sich auf Lösungen für das Problem und ermutigen Sie Ihr Kind oder Ihren Jugendlichen, funktionierende Alternativen zu finden.

Machen Sie deutlich, dass es bei Ihrem Kind nicht nur auf seine Handlungen ankommt und dass es diese im Rahmen der Vernunft bewältigen kann. Wenn Sie oder Ihr Kind anfangen zu schreien, unterbrechen Sie das Muster, indem Sie ruhig sprechen.

Vermeiden Sie die Schuldgefühle: Sie haben vielleicht ähnliche Probleme wie Ihr Kind, aber es ist seine eigene Person. ADHS ist eine Erklärung für Handlungen, keine Entschuldigung dafür. Ihre Mängel bedeuten nicht, dass Sie keine realistischen Erwartungen an Ihr Kind haben sollten.

HUMOR FUNKTIONIERT: Eltern, die in angespannten und stressigen Situationen einen Sinn für Humor haben, können ihrem Kind oder Jugendlichen helfen, sich akzeptierter und weniger besorgt zu fühlen und seine Emotionen besser regulieren zu können.

Vorbildliches Verhalten, das Ihr Kind nachahmen soll: Lassen Sie nicht zu, dass die Vorstellung, dass Sie als Eltern aufgrund der Probleme Ihres Kindes versagt haben, Ihre Beziehungen zu ihm beeinflusst. Sie sind ein Vorbild für Ihr Kind, mit all seinen Fehlern. Ihr Kind beobachtet Sie ständig.

Vorbildliches Verhalten, das Ihr Kind nachahmen soll.

**GIBT ES ZUSÄTZLICH ZU DEN OFFIZIELLEN SYMPTOMEN, DIE ZUR DIAGNOSE VON ADHS BEI KINDERN UND ERWACHSENEN VERWENDET WERDEN, LEICHT ZU ERKENNENDE VERHALTENSWEISEN UND SCHWIERIGKEITEN, DIE AUF ADHS BEI EINEM ERWACHSENEN DRINGEN?**

Ja. Die folgenden Verhaltensweisen und Bedenken könnten direkt auf ADHS zurückzuführen sein oder die Folge damit verbundener Anpassungsschwierigkeiten bei Erwachsenen sein:

- Chronische Verspätung und Vergesslichkeit.
- Angst.

- Mangelnde organisatorische Fähigkeiten.
- Geringes Selbstwertgefühl und Selbstineffizienz.
- Beschäftigungsfragen.
- Schwierigkeiten, Wut zu regulieren.
- Impulsivität.
- Wahrnehmung von Faulheit. (Was wir als faul bezeichnen, ist höchstwahrscheinlich Vermeidungsverhalten.)

## Welche Methoden können einem Erwachsenen mit ADHS dabei helfen, am Arbeitsplatz erfolgreich zu sein?

Wenn Sie in Ihrer Karriere leiden, kann das daran liegen, dass Ihr Job eine hervorragende Organisation, Aufmerksamkeit und Entscheidungsfähigkeit erfordert – dieselben Eigenschaften, mit denen Menschen mit ADHS zu kämpfen haben. Ihr Arzt kann Ihnen helfen. Fragen Sie Ihren

Arzt nach Empfehlungen für andere Spezialisten, beispielsweise einen professionellen ADHS-Coach, der Ihnen möglicherweise die folgenden Methoden angibt, die Ihnen dabei helfen, in Ihrem Job hervorragende Leistungen zu erbringen:

- Zeitmanagement-Training, um Ihnen dabei zu helfen, pünktlich zur Arbeit zu gehen, Aufgaben zu erledigen und zu festgelegten Zeiten an Besprechungen teilzunehmen und Fristen einzuhalten.
- Entspannungs- und Stressbewältigungstraining zur Unterstützung beim Umgang mit neuen und schwierigen Umständen und Personen.
- Die Ergotherapie vermittelt Wege zur Gestaltung von Haus- und Arbeitsaufgaben.
- Job-Coaching oder Mentoring zur Förderung besserer Arbeitsbeziehungen und zur

Steigerung der Leistung am Arbeitsplatz.


**Welche Fragen sollte ich dem Gesundheitsdienstleister meines Kindes zum Thema ADHS stellen?**

- Hat mein Kind neben ADHS auch eine Lernbehinderung?
- Welche Art von ADHS hat mein Kind?
- Hat mein Kind neben ADHS auch eine psychische Störung?
- Wie kann ich meinem Kind erklären, was ADHS ist?
- Was ist das beste Medikament für mein Kind? (Bitte denken Sie daran, dass Sie es nicht wissen werden, wenn Sie es nicht versuchen.)
- Wie kann ich das Selbstwertgefühl und die Selbstwirksamkeit meines Kindes stärken?
- Wie kann ich den Lehrern meines Kindes über seine/ihre ADHS mitteilen?

- Wie kann ich beurteilen, ob ein Medikament die damit verbundenen Nebenwirkungen wert ist?
- Welche Nebenwirkungen haben die empfohlenen Medikamente?
- Was sind die Stärken meines Kindes? Welche Schwächen hat mein Kind?
- Welche Fragen sollte ich meinem Arzt zum Thema ADHS stellen?
- Wenn mein Kind ADHS hat, bedeutet das dann, dass ich es auch habe?
- Wie bestimme ich, wann ich mein Kind tadeln und wann ich das Verhalten aufgeben soll?
- Habe ich neben ADHS auch eine Lernbehinderung?
- Welche Form von ADHS habe ich?
- Sollte ich mit meinem Chef am Arbeitsplatz über meine Störung sprechen?
- Habe ich neben ADHS auch eine psychische Erkrankung?
- Warum habe ich ADHS? Ist es umweltfreundlich? Biologisch?

- Sollte ich mein Haus auf Giftstoffe wie Blei untersuchen lassen?
- Gibt es Lebensmittel, die ich konsumieren oder vermeiden sollte?
- Wie kann ich beurteilen, ob ein Medikament die damit verbundenen Nebenwirkungen wert ist?

## WAS SIND DIE NEBENWIRKUNGEN DER EMPFOHLENEN MEDIKAMENTE?

Die Aufmerksamkeitsdefizit-Hyperaktivitätsstörung (ADHS) ist eine weit verbreitete, lebenslange Krankheit, die Menschen jeden Alters betrifft. Obwohl es Verhalten, Denken und Aufmerksamkeit erheblich beeinflussen kann, ist es mit Verhaltenstherapie und Medikamenten beherrschbar. Verhaltenstherapie und Unterstützung durch Freunde, Familie und Ausbilder sind immer nützlich. Bleiben Sie mit Ihrem Arzt in Kontakt. Seien Sie offen und ehrlich über

alle Verhaltensweisen, die Sie beunruhigen.
Überlegen Sie sich gemeinsam einen Plan.

Möglicherweise hat Ihr Kind das Gefühl, dass zwischen der Interaktion mit der Schule und Gesundheitsdienstleistern und dem Überprüfen der Hausaufgaben viel zu tun ist. Wenn auch Sie an ADHS leiden, gibt es noch viel mehr zu tun: an Therapiesitzungen teilzunehmen, Ihre eigenen Medikamente einzunehmen und auf Ihre Kinder aufzupassen. Es gibt umfangreiche To-Do-Listen, die bei ADHS-Patienten äußerst verwirrend sind und möglicherweise ein Gefühl der Überforderung hervorrufen, wie es bei Ihrem Kind häufig der Fall ist.

Es ist jedoch möglich, dass die Dinge erheblich besser laufen, als sie sind, und es ist von Vorteil, die Ratschläge in diesem Kapitel zu befolgen. Auf diese Weise können Sie das Leben Ihres Kindes und Ihres eigenen erheblich verbessern. Zögern Sie nicht, sich bei Fragen oder Bedenken bezüglich Ihrer ADHS oder der Ihres Kindes an Ihr medizinisches Fachpersonal zu wenden. Sie sind für Sie da!

# KAPITEL 2

<u>Mit häufigen Missverständnissen/Mythen über ADHS aufräumen</u>

Die Aufmerksamkeitsdefizit-/Hyperaktivitätsstörung (ADHS) ist eine komplexe und oft missverstandene Erkrankung, von der Millionen Menschen weltweit betroffen sind. Trotz zunehmendem Bewusstsein und zunehmender Forschung in den letzten Jahren gibt es immer noch viele Mythen und Missverständnisse rund um ADHS.

In diesem Kapitel werden wir die Fakten und Mythen über ADHS untersuchen. Wir gehen auch auf häufige Missverständnisse ein und stellen Informationen bereit, die den Lesern helfen sollen, diese Erkrankung und die Menschen, die damit leben, besser zu verstehen.

**MYTHOS:** ADHS ist keine echte Störung.

**FAKT:** ADHS ist eine echte Störung, die von der American Psychiatric Association anerkannt und im Diagn and Statistical Manual of Mental Disorders (DSM-5) aufgeführt ist.

**MYTHOS:** ADHS wird durch schlechte Erziehung oder mangelnde Disziplin verursacht.

**FAKT:** ADHS ist eine neurologische Entwicklungsstörung, die durch eine Kombination genetischer und umweltbedingter Faktoren verursacht wird. Schlechte Erziehung oder mangelnde Disziplin können die Symptome verschlimmern, sind aber nicht die Ursache der Störung.

**MYTHOS:** ADHS betrifft nur Kinder.

**FAKT:** ADHS kann Menschen jeden Alters betreffen, auch Erwachsene. Die Symptome können sich mit zunehmendem Alter ändern, die Störung kann sich jedoch ein Leben lang auf den Betroffenen auswirken.

**MYTHOS:** Medikamente sind die einzige Behandlungsoption für ADHS.

**FAKT:** Medikamente sind eine Behandlungsoption für ADHS, sie sollten jedoch in Verbindung mit anderen Therapien wie Verhaltenstherapie und Elterntraining eingesetzt werden.

**MYTHOS:** ADHS ist eine Entschuldigung für faules oder ungehorsames Verhalten.

**FAKT:** ADHS ist eine echte Störung, die zu Aufmerksamkeitsschwierigkeiten, Impulsivität und Hyperaktivität führen kann. Menschen mit ADHS sind nicht faul oder ungehorsam, können jedoch aufgrund ihrer Symptome Schwierigkeiten mit bestimmten Aufgaben und Verhaltensweisen haben.

**MYTHOS:** Kinder mit ADHS können aus der Störung herauswachsen.

**FAKT:** ADHS ist eine lebenslange Erkrankung, die Symptome können sich jedoch mit zunehmendem Alter ändern oder bessern.

**MYTHOS:** ADHS wird durch mangelnde Bewegung oder falsche Ernährung verursacht.

**FAKT:** Bewegungsmangel und schlechte Ernährung können zwar die Symptome von ADHS verschlimmern, sind aber nicht die Ursache der Störung.

**MYTHOS:** ADHS ist eine Folge schlechter Erziehung oder mangelnder Disziplin.

**FAKT:** ADHS ist eine neurologische Entwicklungsstörung, die durch eine Kombination genetischer und umweltbedingter Faktoren verursacht wird. Schlechte Erziehung oder mangelnde Disziplin können die Symptome verschlimmern, sind aber nicht die Ursache der Störung.

**MYTHOS:** Alle Kinder mit ADHS haben die gleichen Symptome.

**FAKT:** Die Symptome von ADHS können von Person zu Person sehr unterschiedlich sein und Aufmerksamkeitsschwierigkeiten, Impulsivität und Hyperaktivität umfassen.

**MYTHOS:** Kinder mit ADHS sind einfach „wild" oder „außer Kontrolle".
**FAKT:** Kinder mit ADHS haben möglicherweise mit Impulsivität und Hyperaktivität zu kämpfen, sind aber nicht wild oder außer Kontrolle. Möglicherweise haben sie einfach Schwierigkeiten, ihr Verhalten zu regulieren.

**MYTHOS:** ADHS ist eine neue Störung.
**FAKT:** ADHS ist seit über 100 Jahren als Störung anerkannt.

**MYTHOS:** ADHS ist keine schwerwiegende Störung.
**FAKT:** ADHS kann erhebliche Auswirkungen auf das Leben eines Menschen haben und seine akademische,

soziale und berufliche Leistungsfähigkeit beeinträchtigen.

**MYTHOS:** ADHS wird durch den Kontakt mit elektronischen Geräten oder die Zeit vor dem Bildschirm verursacht.

**FAKT:** Es gibt keine wissenschaftlichen Beweise für die Behauptung, dass elektronische Geräte oder die Zeit vor dem Bildschirm ADHS verursachen.

**MYTHOS:** ADHS ist eine Entscheidung oder das Ergebnis mangelnder Willenskraft.

**FAKT:** ADHS ist eine neurologische Entwicklungsstörung, die nicht freiwillig ist und nicht durch mangelnde Willenskraft verursacht wird.

**MYTHOS:** ADHS ist eine Störung der Vergangenheit.

**FAKT:** ADHS ist eine echte Störung, von der weltweit Millionen Menschen betroffen sind.

**MYTHOS:** ADHS ist keine echte Störung

**FAKT:** ADHS ist eine echte und von der American Psychiatric Association und der Weltgesundheitsorganisation anerkannte Störung. Es ist durch Symptome von Unaufmerksamkeit, Impulsivität und/oder Hyperaktivität gekennzeichnet, die die tägliche Leistungsfähigkeit erheblich beeinträchtigen.

**MYTHOS:** ADHS verschwindet im Erwachsenenalter

**FAKT:** ADHS ist eine lebenslange Erkrankung, die bis ins Erwachsenenalter andauern kann. Während sich die Symptome mit zunehmendem Alter ändern oder bessern können, leiden viele Erwachsene immer noch unter Aufmerksamkeitsschwierigkeiten, Impulsivität und Hyperaktivität.

**MYTHOS:** Medikamente sind die einzige Behandlungsoption für ADHS

**FAKT:** Medikamente sind eine der wirksamsten Behandlungen für ADHS, aber nicht die einzige Option. Auch Verhaltenstherapie, Elternschulung und andere Interventionen können bei der Symptombewältigung wirksam sein.

**MYTHOS:** ADHS wird durch zu viel Zucker oder Lebensmittelzusatzstoffe verursacht

**FAKT:** Es gibt keine wissenschaftlichen Beweise für die Behauptung, dass ADHS durch zu viel Zucker oder Lebensmittelzusatzstoffe verursacht wird. Eine Ernährung mit viel Zucker und verarbeiteten Lebensmitteln kann sich zwar negativ auf die allgemeine Gesundheit auswirken, ist aber keine Ursache für ADHS.

**MYTHOS:** ADHS wird nur bei Jungen diagnostiziert

**FAKT:** ADHS betrifft Jungen und Mädchen gleichermaßen. Aufgrund einer höheren Prävalenz von Hyperaktivitätssymptomen ist die Wahrscheinlichkeit der Diagnose jedoch bei Jungen höher.

**MYTHOS:** ADHS ist eine geringfügige Störung und erfordert keine Behandlung

**FAKT:** ADHS kann erhebliche Auswirkungen auf das tägliche Funktionieren haben und zu Schwierigkeiten in der Schule, bei der Arbeit und in Beziehungen führen. Es ist wichtig, eine Behandlung in Anspruch zu nehmen, um die Symptome zu lindern und die allgemeine Funktionsfähigkeit zu verbessern.

**MYTHOS:** Kinder mit ADHS sind faul und geben sich nicht genug Mühe

**FAKT:** Kinder mit ADHS haben Schwierigkeiten mit der Aufmerksamkeit und Impulsivität, was es schwierig machen kann, Aufgaben zu erledigen und im Unterricht aufmerksam zu sein. Dies ist nicht auf Faulheit oder mangelnde Anstrengung zurückzuführen.

**MYTHOS:** ADHS ist nur in westlichen Kulturen ein Problem

**FAKT:** ADHS ist eine weltweite Erkrankung und es wurde festgestellt, dass sie in verschiedenen Kulturen und Ländern in ähnlicher Häufigkeit auftritt.

**MYTHOS:** Kinder wachsen aus ADHS heraus

**FAKT:** Während sich die Symptome von ADHS mit zunehmendem Alter verändern oder bessern können, handelt es sich um eine lebenslange Störung, die nicht einfach verschwindet. Viele Erwachsene haben weiterhin Probleme mit der Aufmerksamkeit, Impulsivität und Hyperaktivität.

Zusammenfassend lässt sich sagen, dass ADHS eine komplexe Erkrankung ist, die oft missverstanden wird. Die in diesem Kapitel vorgestellten Mythen und Fakten sollen ein klareres Verständnis der Erkrankung, ihrer

Symptome und ihrer möglichen Ursachen vermitteln.

Es ist wichtig, sich daran zu erinnern, dass ADHS eine echte und gültige Diagnose ist und dass diejenigen, die darunter leiden, angemessene Pflege und Unterstützung verdienen. Auch wenn es über ADHS noch viel zu lernen gibt, helfen uns Fortschritte in Forschung und Technologie dabei, diese Erkrankung besser zu verstehen und diejenigen zu unterstützen, die damit leben.

Wir hoffen, dass dieses Buch dazu beigetragen hat, einige der Mythen rund um ADHS zu zerstreuen, und wertvolle Informationen für diejenigen liefert, die diese Erkrankung besser verstehen möchten.

# KAPITEL 3

<u>Tipps zur Bewältigung von ADHS</u>

Obwohl der Umgang mit ADHS entmutigend erscheinen mag, gibt es Hoffnung in Selbstfürsorge, Zeitmanagementtechniken und sozialer Unterstützung.

Ihr Leben wird in jeder Hinsicht von ADHS beeinflusst. ADHS kann es für viele Menschen schwierig machen, ihre Beschäftigung, Ausbildung und Beziehungen zu bewältigen.

Auch wenn jeder Mensch mit ADHS anders ist, haben viele Menschen einige der charakteristischen Symptome der Erkrankung, wie z. B. Schwierigkeiten, Aktivitäten zu beginnen, organisiert zu bleiben und Konzentration und Aufmerksamkeit aufrechtzuerhalten.

Dennoch gibt es Hoffnung.

Wenn Sie an ADHS leiden, gibt es Methoden und Ressourcen, mit denen Sie Ihre Ziele erreichen und Ihr Wohlbefinden verbessern können.

Gönnen Sie sich genügend Zeit und Raum zum Planen.

Für jemanden mit ADHS kann es schwierig sein, verschiedene Aufgaben im Laufe eines Tages zu bewältigen. Es kann hilfreich sein, einen regelmäßigen Zeitpunkt und Ort zum Planen, Nachdenken und Umgruppieren festzulegen.

**Probieren Sie den folgenden Rat aus** :
WÄHLEN SIE EINE ZEIT: Erwägen Sie, jeden Tag eine bestimmte Zeitspanne einzuplanen, um über Ihre Verantwortlichkeiten nachzudenken, Ihre Agenda zu organisieren und Ihre Erfolge anzuerkennen.

MACHEN SIE DAS BESTE AUS IHREM VERFÜGBAREN RAUM: Versuchen Sie, die digitale und physische Umgebung zu schaffen, die für Sie am produktivsten ist. Was auch immer Sie brauchen, zum Beispiel eine Wasserflasche, eine Timer-App oder ein Notizbuch, haben Sie es immer griffbereit.

BEACHTEN SIE DAS GANZE BILD: Zu diesem Zeitpunkt könnte es hilfreich sein, herauszuzoomen und das Gesamtbild zu betrachten. Warum sind Ihnen bestimmte Ziele wichtig? Sie könnten inspiriert werden, auf Ihre Ziele hinzuarbeiten, indem Sie sich an die Grundsätze erinnern, die sie leiten.

Stellen Sie ein Toolkit für ADHS zusammen: Für Menschen mit ADHS sind Prokrastination und Zeitmanagementprobleme häufige Probleme. Sie können Ihre Zeit erfolgreicher verwalten, motiviert bleiben und auf dem richtigen Weg bleiben, indem Sie verschiedene Organisationstools verwenden.

**LISTEN:**

Erwägen Sie, eine Masterliste mit allem zu erstellen, was Sie jeden Abend am nächsten Tag tun möchten. Priorisieren Sie anschließend, was früher oder später erledigt werden muss, indem Sie Ihre Liste durchgehen.
Sie können Ihren Fortschritt verfolgen und Ihre Erfolge anerkennen, indem Sie erledigte Aufgaben durchstreichen.

Wenn die Aufgabe überwältigend oder unklar erscheint, kann es hilfreich sein, eine Aufgabe in überschaubare Teile aufzuteilen und sich auf jeden einzelnen Teil einzeln zu konzentrieren. Fügen Sie in Ihre Liste der kleineren Schritte einen Schritt ein, um das zusammenzustellen, was Sie benötigen, und sich auf den Start vorzubereiten.

Es könnte weniger beängstigend sein, jeden Job zu erledigen, wenn Sie sich dabei vorstellen, dies zu tun.

**TIMER:**

Manche Menschen mit ADHS stellen fest, dass sie sich besser konzentrieren können, wenn ein Termin näher rückt. Durch die Verwendung eines Timers kann ein Gefühl der Dringlichkeit und selbstgesteuerte Motivation entwickelt werden.

Erwägen Sie, einen Timer für einen bestimmten Zeitraum einzustellen und dann kontinuierlich zu arbeiten, bis dieser abläuft. Mit integrierten Pausen zwischen geplanten Arbeitsperioden sind bestimmte Timer-Anwendungen, wie der Tomaten-Timer, darauf ausgelegt, Ihnen dies zu erleichtern.

Sie können das „Jetzt" annehmen und dem Aufschieben entgegenwirken, indem Sie Timer verwenden.

Sie können sich auf eine Aufgabe nach der anderen konzentrieren und Ablenkungen gedanklich ausblenden, indem Sie einen Timer verwenden.

**ALARM:**

Sie können sich an Besprechungen und Termine erinnern, wenn Sie es sich zur Gewohnheit machen, auf Ihrem Telefon Alarme und Erinnerungen einzustellen.
Wenn Sie hartnäckige Verhaltensweisen in Ihren Alltag integrieren möchten, möchten Sie möglicherweise Wiederholungstimer einstellen.
entspannen, entspannen
Es ist normal, dass Menschen mit ADHS unter geistiger und emotionaler Überlastung leiden. Möglicherweise fällt es Ihnen leichter, impulsive Emotionen zu kontrollieren und Unruhe zu beruhigen, indem Sie Entspannungs- und Erdungsmethoden anwenden.

**Versuchen Sie, diesen Ratschlag umzusetzen:**

Versuchen Sie, ein Notizbuch zu führen, in dem Sie Gedanken, Gefühle und Ideen notieren können, wenn Ihnen diese einfallen. Das Notizbuch kann physisch oder digital sein. Auf diese Weise können Sie Ihre Ideen für den Moment beiseite legen und später darauf zurückkommen.

Studien zufolge kann Achtsamkeitsmeditation das Zeitmanagement und die emotionale Regulierung bei Menschen mit ADHS verbessern.

Übungen, die tiefes Atmen fördern, können ADHS-Betroffenen bei ihrer Selbstbeherrschung, ihrem Gedächtnis und ihrer Konzentration helfen.

Sie können sich online Videos ansehen, Apps herunterladen oder sich lokale Programme für Atemübungen und Achtsamkeitsmeditation ansehen.

Selbstfürsorge und gesunde Gewohnheiten können Ihnen helfen, mit den Symptomen von ADHS umzugehen. Kümmere dich um deinen Körper. Probieren Sie die hier gegebenen Ratschläge aus;

STELLEN SIE SICHER, DASS SIE AUSREICHEND RUHE ERHALTEN: Untersuchungen zufolge fällt es Menschen mit ADHS oft schwer, ausreichend zu schlafen, was sie den ganzen Tag über müde macht und ihre Symptome verschlimmert. Um Ihnen den Einstieg in die Schlafphase zu erleichtern, sollten Sie über ein nächtliches Ritual nachdenken. Weitere Vorschläge sind, Ihren Schlafplatz auf einer angemessenen Temperatur zu halten und Entspannungsmethoden anzuwenden, um Ihre Gedanken vor dem Schlafengehen zu beruhigen.

BAUEN SIE KÖRPERLICHE AKTIVITÄT IN IHREN ALLTAG EIN: Studien zufolge können Kinder und Erwachsene mit ADHS schon von einem kleinen Maß an regelmäßiger körperlicher Aktivität profitieren, um die Motivation zu steigern, das Gedächtnis zu verbessern und die Impulsivität zu reduzieren.

Seien Sie ehrlich zu sich selbst: Stellen Sie sicher, dass Sie zu Beginn jeder Stunde gut mit Feuchtigkeit versorgt und genährt sind. Stellen Sie Alarme ein, um Sie daran zu erinnern, zu essen und zu trinken, wenn es hilft.

STÄRKEN SIE IHR VERTRAUEN:
Wer an ADHS leidet, kann auf Kritik von Menschen stoßen, die seine Erkrankung nicht verstehen, was dazu führen kann, dass er eine negative Meinung über sich selbst und seine Talente hat.

Sie können in Ihren Fähigkeiten selbstsicherer und produktiver werden, wenn Sie lernen, diese Perspektiven neu zu definieren und auf Ihren Wert zu vertrauen. Hier sind einige Hinweise, die Ihnen helfen können:

Erwägen Sie, ein Bestätigungstagebuch zu führen, in dem Sie ermutigende Worte aufschreiben:
Das Ziel besteht darin, ein positives Selbstgespräch über Ihre Leistungen und Ihre Identität zu entwickeln.

Halten Sie auch die kleinsten Selbstversprechen ein: Das Bett machen, eine Runde um den Block drehen oder auf eine E-Mail antworten sind Beispiele dafür. Ziel ist die Entwicklung von Selbstbewusstsein; Das konkrete Versprechen spielt keine Rolle.

Stellen Sie sicher, dass Sie Ihren Vorteil ausspielen: Mit ADHS zu leben bedeutet oft, dass Sie eine bestimmte Sichtweise haben, die Sie mit der Welt teilen können. Gehen Sie auf Ihre Interessen ein und entscheiden Sie sich für die Dinge, die Ihnen die schönsten Gefühle vermitteln.

Erinnern Sie sich daran, dass Ihr Wert unabhängig von Ihrem Output ist: Auch wenn es Ihnen nicht gelingt, Ihre Ziele zu erreichen, seien Sie freundlich und verständnisvoll zu sich selbst.

HILFE SUCHEN:
Es mag einschüchternd sein, um Hilfe zu bitten, aber es gibt andere, die Ihnen zur Seite stehen, während Sie gehen.

Entscheiden Sie sich für jemanden in Ihrem Leben, den Sie für das Erreichen Ihrer Ziele verantwortlich machen möchten:
Sie können bei Aufgabenerinnerungen behilflich sein und sich bei Bedarf bei Ihnen melden.

Versuchen Sie, mit einer anderen anwesenden Person zusammenzuarbeiten: Auch wenn diese sich nur auf ihre eigenen Projekte konzentriert, kann es Ihnen helfen, sich zu konzentrieren, wenn Sie einen „Körperdoppel" haben (jemanden, der neben Ihnen sitzt, während Sie Aufgaben erledigen).

VERGESSEN SIE NICHT, DASS SIE NICHT ALLEIN SIND: Um ein soziales Unterstützungsnetzwerk aufzubauen, denken Sie darüber nach, ADHS-Gruppen in der Nähe oder online zu nutzen.

## ZUSÄTZLICHE HINWEISE FÜR ELTERN VON ADHS-KINDERN

ADHS kann die Erziehung eines Kindes manchmal schwierig machen. Es gibt jedoch verschiedene Taktiken, die Sie anwenden können, um sowohl Ihr Leben als auch das Ihres Kindes zu vereinfachen.

Denken Sie daran, dass jedes Kind mit ADHS anders ist. Die Lösung einer Person ist möglicherweise nicht für eine andere Person geeignet. Es kann einige Zeit dauern, die besten Techniken zu finden, die für Sie, Ihr Kind und Ihre Familie funktionieren.

EIGENTUM: Bei Bedarf kann es von Vorteil sein, einige der oben genannten Methoden zu ändern und sie bei Ihrem Kind anzuwenden. Wenn es beispielsweise altersgerecht ist, können Sie Ihr Kind in die Zielsetzung, die Aufteilung des Arbeitsplatzes und die Schaffung seines idealen Arbeitsumfelds einbeziehen. Wenn Sie Ihrem Kind ein Gefühl der Verantwortung für den Prozess vermitteln, kann dies sein Selbstwertgefühl stärken und dafür sorgen, dass Aufgaben leichter zu bewältigen sind.

BELOHNUNGEN: Wenn eine Aufgabe schwierig oder kompliziert ist, haben viele Kinder mit ADHS Probleme mit der Motivation und möchten möglicherweise aufgeben. Untersuchungen zufolge kann es beim Lernen hilfreich sein, wenn Sie Ihr Kind häufig und sofort für Erfolge belohnen. Die Motivation Ihres Kindes kann gesteigert werden, wenn Sie Aktivitäten mit einem

Timer in Spiele umwandeln und ihm nach
Abschluss Belohnungen geben.

STRUKTUR: Kinder mit ADHS haben
manchmal Schwierigkeiten, Erwartungen zu
verstehen. Ihr Nachwuchs kann auf dem
richtigen Weg bleiben, wenn ein klarer
Rahmen und eine regelmäßige Routine
geschaffen werden.

LOB: Sie können Ihrem Kind helfen, das
Selbstwertgefühl zu entwickeln, das es
braucht, um erfolgreich zu sein, indem Sie
gutes Verhalten belohnen. Fördern Sie ihre
Talente, unterstützen Sie ihre Hobbys und
loben Sie sie, wenn sie etwas erreichen.

UNTERSTÜTZUNG: Verteidigen Sie die
Interessen Ihres Kindes. Um die
Bedürfnisse Ihres Kindes zu besprechen und
zu verstehen, arbeiten Sie mit Lehrern,
Ärzten und Schulberatern zusammen. Sie
können Ihren Kindern helfen, in allen

Lebensbereichen erfolgreich zu sein, indem sie Lehren und Lernergebnisse anpassen.

SPIELEN: Sorgen Sie für unstrukturierte Spielzeit. Kindern mit ADHS zu ermöglichen, jeden Tag eine Weile uneingeschränkt zu spielen, kann ihnen dabei helfen, ihre eigenen Fähigkeiten zu entdecken und ihre Fantasie zu fördern.

ÜBUNG: Sport kann laut Studien dazu beitragen, dass Jugendliche mit ADHS motivierter und konzentrierter sind. Finden Sie eine körperliche Aktivität, die Ihrem Kind Spaß macht, und helfen Sie ihm, sie in seinen Kalender einzutragen.

GRÖSSERE RESSOURCEN:

Erwägen Sie die Beauftragung eines ADHS-Trainers, wenn Sie weitere Unterstützung benötigen. Möglicherweise lernen Sie von einem Coach Strategien, die Ihnen beim Erreichen Ihrer Ziele helfen. Die

ADHS Coaches Organization hilft Ihnen dabei, einen Coach zu finden, der Ihren Anforderungen am besten entspricht.

**LASSEN SIE UNS REKAPITULIEREN.** Wenn Sie nach Bewältigungsmechanismen für sich selbst, Ihr Kind oder jemand anderen in Ihrem Leben suchen, ist es wichtig zu bedenken, dass jeder Mensch mit ADHS unterschiedliche Erfahrungen, eine andere Lebensweise und eine andere Persönlichkeit hat.

Nicht alle Menschen mit ADHS werden von jedem angebotenen Vorschlag profitieren. Wählen Sie Bewältigungsmechanismen aus, die Ihnen richtig erscheinen, und versuchen Sie, jeweils eine kleine Anpassung vorzunehmen.

Möglicherweise entscheiden Sie sich, ein oder zwei Wochen lang eine Technik zur Stressreduzierung oder zum

Zeitmanagement auszuprobieren, bevor Sie zu einer anderen wechseln.

Denken Sie darüber nach, mit einem engen Freund oder Familienmitglied über Bewältigungsstrategien zu sprechen und um Hilfe zu bitten, wenn Sie sie brauchen.

Denken Sie daran, dass Veränderungen Zeit brauchen und Sie möglicherweise ein paar verschiedene Dinge ausprobieren müssen, bevor Sie diejenigen finden, die für Sie am besten funktionieren.

# KAPITEL 4

## Komplementäre und alternative Behandlungen für ADHS-Patienten

Manchmal suchen Menschen nach Therapien für die Aufmerksamkeitsdefizit-Hyperaktivitätsstörung (ADHS), von denen sie glauben, dass sie in Kombination mit den Medikamenten ihres Arztes oder sogar anstelle dieser wirken. Ärzte und andere behandeln ADHS mit Verfahren, die sehr ausführlich untersucht und getestet wurden und sich als erfolgreich erwiesen haben. Diese Behandlungen umfassen Medikamente und Verhaltenstherapie. Dennoch gibt es zahlreiche weitere Therapien für ADHS, über die man sich bei Freunden oder im Internet informiert.

**Hier sind zwei Begriffe, die Sie kennen müssen, um die hier**

**besprochenen Behandlungen für ADHS zu verstehen:**

ALTERNATIVE THERAPIE: Anstelle verschreibungspflichtiger Medikamente und professioneller Hilfe bei Verhaltensproblemen wird eine alternative Behandlung eingesetzt.

KOMPLEMENTÄRE THERAPIE: Eine ergänzende Behandlung wird zur regulären Behandlung hinzugefügt, um eine noch bessere Behandlung der ADHS-Symptome zu erreichen.

**Wie kann ich entscheiden, ob alternative oder ergänzende Behandlungen helfen oder nicht?**
Seien Sie vorsichtig, wenn Sie in einer Zeitschrift, einem Buch oder aus einer anderen nichtwissenschaftlichen Quelle von einer alternativen oder ergänzenden Therapie hören oder lesen. Seriöse Forscher bewerten die Arbeit anderer in

wissenschaftlichen Publikationen. Alternative und ergänzende Therapien werden in der Regel nicht umfassend von einem Fachgremium untersucht oder bewertet. Sie sind auch häufig umstritten.

## Welche Fragen sollte ich zu alternativen oder ergänzenden Behandlungen stellen?

Das Stellen dieser Fragen kann Ihnen bei der Beurteilung einer Therapie helfen, die Sie möglicherweise in Betracht ziehen.

- Wurden klinische Studien durchgeführt, um die Wirksamkeit dieses Arzneimittels zu bestätigen? (Eine klinische Studie ist eine wissenschaftliche Studie zu einem neuartigen Arzneimittel.)
- Kann ich Informationen zu dieser Therapie aus einer zuverlässigen Quelle erhalten?

- Gibt es eine renommierte nationale Organisation von Personen, die diese Therapie praktizieren?
- Benötigt die Person, die die Therapie durchführt, eine staatliche Lizenz?
- Zahlt meine Krankenkasse diese Behandlung? (Die Versicherung zahlt normalerweise nicht für ungetestete Therapien.)

**Wann sollte ich misstrauisch sein?**
Achten Sie bei der Überprüfung einer Therapie auf diese Warnsignale, die darauf hindeuten könnten, dass die Behandlung erfolglos, ihr Geld nicht wert oder schlichtweg schrecklich ist.

- Wenn behauptet wird, dass die Therapie bei jedem ADHS-Patienten wirkt (Keine Behandlung wirkt bei jedem)
- Wenn der „Beweis" lediglich darin besteht, dass einige wenige Personen berichten, dass es funktioniert (Es

sollte das Ergebnis sorgfältiger Forschung und vieler Studien sein.)

- Wenn die Therapie keine Richtlinien für die korrekte Anwendung enthält oder die Inhaltsstoffe nicht auf Arzneimittelverpackungen angegeben sind
- Wenn Sie keine Informationen über Nebenwirkungen erhalten
- Wenn Sie nicht darüber informiert sind, dass der Ausdruck „natürlich" nicht unbedingt dasselbe wie „sicher" ist
- Wenn das Medikament „eine Geheimformel", „erstaunlich", „wundersam", „ein außergewöhnlicher Durchbruch" oder eine „Heilung" ist
- Wenn Sie über Werbespots oder ein Buch, das ein Autor verkaufen möchte, davon erfahren
- Wenn es per Post statt über einen Arzt eintrifft
- Wenn Ihnen mitgeteilt wird, dass Ärzte die Therapie zu Unrecht

ablehnen oder die Öffentlichkeit nicht darüber informieren

Vertrauen Sie nicht allem, was Sie über medizinische Verbesserungen lesen oder hören. Fragen Sie sich, woher das Wissen stammt. Gute Informationen kommen typischerweise von medizinischen Fakultäten, der Regierung, medizinischen Fachgesellschaften und nationalen Organisationen wie CHADD. Jeder kann sich als „Experte" bezeichnen.

## SPRECHEN SIE MIT IHREM ARZT.

Bevor Sie eine ergänzende oder alternative Therapie in Betracht ziehen, sprechen Sie mit Ihrem Arzt. Bedenken Sie, dass Vitamine, Kräuter und andere Heilmittel zu Schwierigkeiten mit Ihren anderen Medikamenten führen können. Besprechen Sie alles, was Sie zur Behandlung von ADHS tun, mit Ihrem Arzt.

## EINIGE ALTERNATIVE UND ERGÄNZENDE BEHANDLUNGEN FÜR ADHS

Diätetische Behandlung/Nahrungsergänzungsmittel
Eine gute und ausgewogene Ernährung ist entscheidend für ein glückliches und gesundes Leben. Laut den Centers for Disease Control and Prevention (CDC) kann eine gesunde Ernährung dazu beitragen, das Risiko für viele chronische Krankheiten, einschließlich Herzerkrankungen, zu verringern. Darüber hinaus werden Bewegung und körperliche Aktivität im Rahmen eines insgesamt gesunden Lebensstils gefördert.

INTERAKTIVES METRONOM-TRAINING:
Ein Metronom ist ein Instrument, das die genaue Zeit anzeigt (es klickt), damit Musiker ihren Rhythmus beibehalten können. Die Idee, dass es Patienten mit ADHS besser gehen kann, wenn sie lernen, das Klopfen von Händen oder Füßen mit

dem Takt eines Metronoms zu synchronisieren, hat diese Therapie ins Leben gerufen. Einige Untersuchungen fanden heraus, dass dieses Training bei ADHS-Bewegungs- und Zeitproblemen nützlich ist, während andere Studien dies nicht taten.

TRAINING DER SENSORISCHEN INTEGRATION:
Integration bedeutet Mischen oder Vermischen. Wenn das Gehirn mit zu vielen Sinnessignalen (was gehört, gesehen, gefühlt, geschmeckt und gerochen wird) überlastet ist, kann es normalerweise nicht auf alles reagieren. Sensorisches Integrationstraining ist eine Art Behandlung, die darauf abzielt, dem Gehirn beizubringen, sich besser an die vielen empfangenen sensorischen Eingaben anzupassen. Es müssen weitere Studien durchgeführt werden, bevor davon ausgegangen werden kann, dass diese

Therapie die Symptome von ADHS verbessert.

## EEG-BIOFEEDBACK:

Ärzte nutzen EEGs (Elektroenzephalogramme), um die Gehirnströme einer Person zu untersuchen und aufzuzeichnen. Oft zeigen „Bilder" des Gehirns von Personen mit ADHS, dass ein bestimmter Bereich nicht „aufleuchtet" oder nicht so aktiv wird wie in normalen Gehirnen. Die Therapie, die diese Informationen nutzt, wird auch Neurofeedback genannt. Menschen mit ADHS lernen, wie sie bestimmte Gehirnbereiche aktiver machen können. Nach dem Training kann sich das Verhalten eines Patienten – wie mangelnde Aufmerksamkeit und hyperaktives/impulsives Verhalten – verbessern. Es liegen noch zu wenige Studien vor, um mit Sicherheit sagen zu können, dass EEG-Biofeedback erfolgreich funktioniert. Eltern sollten sich auch darüber im Klaren sein, dass Biofeedback-Therapien teuer sein können.

CHIROPRAKTIK:
Einige Chiropraktiker behaupten, dass chiropraktische Medizin (eine Therapie, die die Wirbelsäule anpasst, um Krankheiten zu heilen) den medikamentösen Therapien bei ADHS überlegen sei. Keine Forschungsstudien deuten darauf hin, dass Chiropraktik bei den Symptomen dieser Gehirnerkrankung hilft.

Schilddrüsenbehandlung:
Manchmal haben Kinder mit Schilddrüsenanomalien auch Konzentrationsschwierigkeiten und hyperaktives Verhalten. Schilddrüsenanomalien bei Kindern mit ADHS sind selten. Bei diesen Jugendlichen sollte jedoch die Schilddrüse untersucht werden.

VISIONSTHERAPIE:

Einige gehen davon aus, dass Sehstörungen wie falsche Augenbewegungen, Augenempfindlichkeit und Konzentrationsschwierigkeiten zu Lesestörungen führen können. Es gibt viele Therapien für Augenerkrankungen, einschließlich Augenübungen und pädagogischer Anleitung. Ärzte halten diese Therapieform nicht für wirksam.

Bevor Sie sich für eine der oben beschriebenen Therapien entscheiden, sprechen Sie mit Ihrem Arzt darüber, ob diese helfen können oder nicht.

Menschen mit ADHS haben unterschiedliche Behandlungsanforderungen. Die eingesetzte(n) Therapie(n) muss(en) zu den individuellen Bedürfnissen „passen". Die meisten Gesundheitsexperten, die ADHS behandeln, sind der Meinung, dass eine multimodale Therapie die beste Behandlung ist. Die multimodale Behandlung umfasst

Medikamente, Verhaltenstherapie, Schulprogramme und -modifikationen sowie die Aufklärung von Kindern und Familien über die Krankheit, was bei unerwünschtem Verhalten hilft, das bei ADHS-Symptomen auftritt.

# KAPITEL 5

## ADHS & Ernährung

Obwohl es keine eindeutige ADHS-Diät gibt, deuten zahlreiche Websites darauf hin, dass verschiedene Diäten, Lebensmittel und Essenspläne dazu beitragen könnten, die Symptome zu lindern.

Verschiedene Mahlzeiten können das Energie- und Konzentrationsniveau verändern. Bestimmte Optionen können daher für Menschen mit Aufmerksamkeitsdefizit-Hyperaktivitätsstör ung (ADHS) (ADHS) von Vorteil sein.

Einige Hinweise deuten darauf hin, dass die Einführung bestimmter Diäten – etwa Eliminationsdiäten, die Few-Foods-Diät und die Mittelmeerdiät – eine Rolle bei der Kontrolle von ADHS spielen könnte.

In diesem Kapitel werfen wir zunächst einen Blick auf bestimmte Lebensmittel, die möglicherweise ADHS-Symptome lindern oder verschlimmern. Anschließend prüfen wir, was die Erkenntnisse über bestimmte ADHS-Diäten aussagen.

**BESTE LEBENSMITTEL FÜR ADHS**
Bestimmte Mahlzeiten sind besser geeignet, den Energie- und Blutzuckerspiegel einer Person stabil zu halten und die Konzentration zu verbessern. Diese Mahlzeiten können besonders Menschen mit ADHS helfen.
Folgendes kann sehr hilfreich sein:

PROTEINREICHE LEBENSMITTEL
Eier und Vollkornbrot können Menschen mit ADHS helfen.
Protein ist für die Funktion des Gehirns notwendig und spielt eine entscheidende Rolle bei der Bildung von Gehirnchemikalien, sogenannten Neurotransmittern.
Die Aufnahme von Protein in eine Mahlzeit verringert auch den Anstieg des

Blutzuckerspiegels. Einige Personen behaupten, dass diese Spitzen die Hyperaktivität verschlimmern.

Zu den proteinreichen Lebensmitteln gehören:

* Fleisch- und Geflügelprodukte
* Fisch und Schalentiere
* Bohnen und Linsen
* Eier
* Nüsse

## KOMPLEXE KOHLENHYDRATE

Wie Protein können komplexe Kohlenhydrate dazu beitragen, einen Anstieg des Blutzuckers zu verhindern.
Der Verzehr dieser Art von Kohlenhydraten sorgt außerdem dafür, dass man sich länger satt fühlt, was ihn möglicherweise davon abhält, an zuckerhaltigen Lebensmitteln zu knabbern.

Darüber hinaus können diese Mahlzeiten, wenn sie vor der Nacht eingenommen werden, zu einem besseren Schlaf führen.
Die folgenden Lebensmittel enthalten komplexe Kohlenhydrate:

- Früchte
- Gemüse
- Vollkornbrot und Nudeln
- brauner Reis
- Bohnen und Linsen

VITAMINE UND MINERALIEN
Einige Studien bringen ADHS mit einem Mangel an verschiedenen Mikronährstoffen in Verbindung, darunter Eisen, Magnesium, Zink, Vitamin B-6 und Vitamin D.

Es ist jedoch nicht bekannt, ob diese niedrigeren Werte zur Entwicklung von ADHS beitragen und ob die Einnahme einer größeren Menge dieser Nährstoffe die Symptome lindert.

Dennoch sind sie alle wichtige Bestandteile der Ernährung, sodass der Verzehr von mehr Lebensmitteln, die sie enthalten, wahrscheinlich keinen Schaden anrichtet.


DIESE NÄHRSTOFFE FINDEN MENSCHEN IN DEN FOLGENDEN LEBENSMITTELN:

EISEN: Rindfleisch, Leber, Kidneybohnen und Tofu
ZINK: Fleisch, Schalentiere, Bohnen und Nüsse
MAGNESIUM: Kürbiskerne, Mandeln, Spinat und Erdnüsse
VITAMIN B-6: Eier, Meeresfrüchte, Erdnüsse und Kartoffeln
VITAMIN D: fetter Fisch, Kuhleber, Eigelb und angereicherte Mahlzeiten


OMEGA-3-FETTSÄUREN
Chiasamen sind eine ausgezeichnete Quelle für Omega-3-Fettsäuren.

Omega-3-Fettsäuren sind notwendige Fette, die ein Mensch über die Nahrung aufnehmen muss. Sie haben eine Funktion für die Gesundheit von Herz und Gehirn.

Kinder mit ADHS haben möglicherweise geringere Mengen an Omega-3-Lipiden. Einige Untersuchungen zeigen, dass die Einnahme zusätzlicher Omega-3-Fettsäuren dazu beitragen kann, die Symptome mäßig zu lindern.

Laut einem Interview eines Konsortiums von Wohltätigkeitsorganisationen namens Understood.org können Omega-3-Fettsäuren die Aufmerksamkeit, Konzentration, Motivation und das Arbeitsgedächtnis bei Kindern mit ADHS steigern.
Sie weisen jedoch darauf hin, dass weitere Studien unerlässlich sind und dass Omega-3-Fettsäuren kein Ersatz für ADHS-Medikamente sind.

Zu den Quellen für Omega-3-Fettsäuren
gehören:

- fetter Fisch wie Lachs und Thunfisch
- Walnüsse
- Chiasamen
- Leinsamen

## Lebensmittel, die es zu begrenzen oder zu vermeiden gilt

ERWACHSENE UND KINDER MIT ADHS FÜHLEN SICH MÖGLICHERWEISE BESSER, WENN SIE FOLGENDES EINSCHRÄNKEN ODER VERMEIDEN:

ZUCKER

Der Verzehr zuckerhaltiger Mahlzeiten kann Blutzuckerspitzen und -abfälle auslösen, die sich auf das Energieniveau auswirken können. Einige Betreuer stellen einen Zusammenhang zwischen Zuckerkonsum und Hyperaktivität bei Kindern mit ADHS fest.

Während einige Studien einen Zusammenhang zwischen übermäßigem Konsum von Zucker und alkoholfreien Getränken und einer höheren Rate an ADHS-Diagnosen vermuten lassen, finden andere Untersuchungen keinen Zusammenhang.

Auch wenn es die ADHS-Symptome nicht lindert, ist die Einschränkung des Zuckerkonsums für jeden eine kluge Entscheidung, da sie das Risiko für Diabetes, Fettleibigkeit und Karies senken kann.


ANDERE EINFACHE KOHLENHYDRATE
Zucker ist ein einfaches – oder raffiniertes – Kohlenhydrat.

Andere einfache Kohlenhydrate können ebenfalls zu schnellen Schwankungen des Blutzuckerspiegels führen und sollten daher nur in Maßen eingenommen werden.

Die folgenden Lebensmittel enthalten einfache Kohlenhydrate:

- Süßigkeiten
- Weißbrot
- weißer Reis
- weiße Nudeln
- Kartoffeln ohne Schale
- Chips
- Limonaden
- Sportgetränke
- Pommes


KOFFEIN

Kleine Dosen Koffein können manchen Menschen mit ADHS helfen – einige Hinweise deuten darauf hin, dass es die Konzentration verbessern kann.

Kaffee kann jedoch die Wirkung vieler ADHS-Medikamente verschlimmern, einschließlich etwaiger negativer Reaktionen, die bei einer Person auftreten können.

Erwachsene mit ADHS sollten ihren Koffeinkonsum reduzieren, insbesondere wenn sie ADHS-Medikamente einnehmen. Kinder und Jugendliche sollten Tee, Kaffee und Cola meiden.


KÜNSTLICHE ZUSATZSTOFFE
Einige Jugendliche mit ADHS könnten davon profitieren, wenn sie künstliche Zusatzstoffe aus ihren Mahlzeiten eliminieren.
Die American Academy of Pediatrics (AAP) empfiehlt Kindern, bestimmte Chemikalien, insbesondere Lebensmittelfarbstoffe, zu meiden, da diese die ADHS-Symptome verstärken können.
Künstliche Zusatzstoffe können auch Hormone, Wachstum und Entwicklung beeinträchtigen.

Viele zubereitete und verarbeitete Produkte enthalten künstliche Farb-, Geschmacks- und Konservierungsstoffe, darunter einige:

- Frühstücksflocken
- Süßigkeiten
- Kekse
- alkoholfreie Getränke
- Fruchtpunsch
- Vitamine für Kinder

## ALLERGENE

Einige Experten sagen, dass die Eliminierung wahrscheinlicher Allergene – wie Gluten, Weizen und Soja – die Aufmerksamkeit steigern und die Hyperaktivität verringern kann.

Die Entfernung dieser Allergene hilft jedoch wahrscheinlich nur Menschen, die tatsächlich an einer Allergie oder Empfindlichkeit leiden. Erwägen Sie, Nahrungsmittelunverträglichkeiten mit einem Arzt oder Ernährungsberater zu besprechen, bevor Sie bestimmte Lebensmittel aus der Ernährung streichen.

**Diäten bei ADHS**

Obwohl es keine Behandlung für ADHS gibt, erwähnen viele Menschen verschiedene Diäten oder Lebensmittel, die ihrer Meinung nach bei der Behandlung von ADHS-Symptomen wie Hyperaktivität und Konzentrationsstörungen helfen könnten.

Die nächsten Abschnitte befassen sich mit der Wissenschaft hinter mehreren Diäten, von denen Einzelpersonen glauben, dass sie die Symptome von ADHS lindern können.

EINE ELIMINATIONSDIÄT: Der Verzicht auf künstliche Inhaltsstoffe

Die AAP fordert Jugendliche dringend dazu auf, künstliche Zusatzstoffe zu meiden, und warnt davor, dass diese die ADHS-Symptome verschlimmern könnten.

Zu einer Diät ohne Zusatzstoffe gehört unter anderem der Verzicht auf folgende Nahrungsmittel:

- künstliche Farben

- künstliche Aromen/Konservierungsstoffe
- künstliche Süßstoffe
- Viele Frühstückszerealien, Süßigkeiten und Getränke enthalten diese Verbindungen.

Im Laufe der Jahre haben sich verschiedene Studien mit den Auswirkungen von Chemikalien auf ADHS befasst.

Laut einer Studie aus dem Jahr 2017 kann die Entfernung von Chemikalien nur einen minimalen Einfluss auf die ADHS-Symptome haben. Die Autoren weisen darauf hin, dass die besonderen Vorteile auch für Jugendliche gelten könnten, die nicht erkrankt sind.

## DIE WENIGE LEBENSMITTEL-DIÄT

Die Wenig-Mahlzeiten-Diät ist eine kurzfristige Strategie, mit deren Hilfe Einzelpersonen beurteilen können, ob

bestimmte Lebensmittel ihre ADHS-Symptome verschlimmern.
Es ist sehr eingeschränkt und umfasst den Konsum nur einer begrenzten Anzahl von Artikeln, die wahrscheinlich keine unangenehmen Reaktionen hervorrufen.

Wenn eine Person nach dem Verzicht auf bestimmte Nahrungsmittel eine Abnahme ihrer Symptome feststellt, deutet dies darauf hin, dass eine Nahrungsmittelallergie oder -unverträglichkeit die ADHS-Symptome möglicherweise verschlimmert.

Nachdem man mit der Diät mit wenigen Mahlzeiten begonnen hat, führt man nach und nach wieder zusätzliche Nahrungsmittel ein und beobachtet, ob eine Reaktion auftritt.
Eine separate Studie aus dem Jahr 2017 bestätigt, dass die Few-Items-Diät Kindern dabei helfen könnte, schädliche Lebensmittel zu erkennen und zu entfernen.

Die Few-Foods-Diät ist anfangs recht eingeschränkt. Ein Diätplan umfasst beispielsweise ausschließlich den Verzehr von Lammfleisch, Geflügel, Kartoffeln, Reis, Bananen, Äpfeln und Kreuzblütlern.

DIE MEDITERRANE ERNÄHRUNG
Die Mittelmeerdiät ist eine sichere Diät für Menschen mit ADHS.
Die mediterrane Ernährung ist weithin dafür bekannt, die Gesundheit von Herz und Gehirn zu fördern. Dabei geht es vor allem darum, Folgendes zu essen:

- Früchte
- Gemüse
- Vollkorn
- Hülsenfrüchte
- Nüsse
- gesunde Fette wie Olivenöl

Einige Hinweise deuten darauf hin, dass die Nichteinhaltung einer Mittelmeerdiät mit der Diagnose ADHS zusammenhängt. Die

Daten zeigen jedoch nicht, dass eine mediterrane Ernährung ADHS-Symptome verhindern oder heilen könnte.

Dennoch ist es aufgrund der Vorteile für andere Gesundheitsbereiche eine sichere Diät für Menschen mit ADHS.


**WEITERE DIÄT-TIPPS**
Auch die folgenden Ernährungstipps können Menschen mit ADHS hilfreich sein:

ESSEN SIE AUSGEWOGENE MAHLZEITEN:
Versuchen Sie, in den meisten Mahlzeiten eine Vielzahl von Gemüse, Vollkornprodukten, Eiweiß und Omega-3-Fettsäuren zu sich zu nehmen.

Planen Sie regelmäßige Essens- und Snackzeiten ein, da Regelmäßigkeit für Kinder mit ADHS von entscheidender Bedeutung ist.

Lassen Sie keine Mahlzeiten aus, da dies zu einem Absinken des Blutzuckers und einer erhöhten Aufnahme von Junk Food führen kann.

Halten Sie für einen schnellen Snack viele gesunde Lebensmittel bereit, zum Beispiel Obst, Nüsse und gehacktes Gemüse.
Sprechen Sie mit einem Arzt über die Einnahme eines Multivitamin- und Multimineralstoffpräparats, das besonders für wählerische Esser und Personen mit Nährstoffmangel nützlich sein kann.

Überprüfen Sie alle Zutatenetiketten auf Lebensmittelverpackungen und vermeiden Sie Artikel, die künstliche Zusatzstoffe und einen hohen Zuckergehalt enthalten.
Kaufen Sie am Rande des Lebensmittelgeschäfts ein, wo in der Regel die am wenigsten verarbeiteten Vollwaren angeboten werden.

**BEISPIELSPREISPLAN FÜR KINDER**
Probieren Sie den folgenden nahrhaften Ernährungsplan für Kinder mit ADHS aus:

FRÜHSTÜCK: Rührei mit Kirschtomaten auf Vollkornbrot und ein kleiner Smoothie aus Milch, Spinat, Banane, Chiasamen und gefrorenen Erdbeeren

SNACK: Gurken- und Paprikastangen mit Hummus

MITTAGESSEN: eine Käse-Bohnen-Quesadilla mit Guacamole und Salsa und ein Stück Melone

SNACK: Studentenfutter mit Walnüssen, Mandeln und Trockenfrüchten

ABENDESSEN: handgemachte Lachsfischstäbchen, Ofenkartoffeln und grünes Gemüse

DESSERT (optional): gefrorener Schokoladenpudding, gekocht mit fettarmer Milch

**BEISPIEL-MAHLZEITPLAN FÜR ERWACHSENE**

Dieser ausgewogene Ernährungsplan kann eine hervorragende Alternative für Menschen mit ADHS sein:

FRÜHSTÜCK: Avocado und Eier auf Vollkornbrot, Kräutertee oder Kaffee

SNACK: Joghurt mit Beeren und Chiasamen

MITTAGESSEN: ein Salat mit gebackenem Lachs und Quinoa auf einem Bett aus gemischtem Gemüse, Gurken und Paprika, garniert mit Sonnenblumenkernen

SNACK: Apfelscheiben, umhüllt von Erdnussbutter

ABENDESSEN: Hühnchen-Gemüse-Curry mit braunem Reis

DESSERT (optional): 1 Unze hochwertige dunkle Schokolade und Kräutertee

**ABSCHLUSS**

Es gibt Hinweise darauf, dass bestimmte Ernährungsgewohnheiten bei einigen Symptomen von ADHS hilfreich sein können. Die Beweise sind jedoch begrenzt.

Im Allgemeinen ist die gesündeste Ernährung für Menschen mit ADHS die, die Ärzte den meisten anderen Menschen verschreiben – eine Ernährung mit viel Obst, Gemüse, Vollkornprodukten, gesunden Fetten und magerem Fleisch. Es sollte einen moderaten Anteil an gesättigten Fetten und Junkfood enthalten.

Menschen mit Nahrungsmittelallergien oder -unverträglichkeiten sollten auslösende Nahrungsmittel meiden. Manche Menschen benötigen auch Vitamin- und Mineralstoffzusätze. Es ist jedoch wichtig, vor der Einnahme mit einem Arzt zu sprechen.

# KAPITEL 6

## Natürliche Heilmittel gegen ADHS

Was hast du gesagt? Entschuldigung, ich habe nicht aufgepasst! Leider haben Aufmerksamkeits-, Konzentrations- und Hyperaktivitätsprobleme pandemische Ausmaße angenommen. Nach Angaben der Centers for Disease Control and Prevention stiegen die ADHS-Diagnosen zwischen 2003 und 2011 um 41 Prozent, und im Jahr 2016 waren es mehr als 9 Prozent der Kinder im Alter zwischen 2 und 17 Jahren – insgesamt mehr als 6 Millionen Kinder bei mir wurde ADHS diagnostiziert.

Leider wachsen viele dieser Kinder nicht aus dem Problem heraus – nach Angaben der National Institutes of Health haben etwa 4,5 % der Erwachsenen eine ADHS-Diagnose, und viele weitere werden wahrscheinlich nicht diagnostiziert und leben mit ständigen lebensbeeinträchtigenden Problemen wie

Konzentrationsschwierigkeiten               ,
aufmerksam sein, sich Dinge merken und
ruhig bleiben.

**DIE VIELEN SYMPTOME VON ADHS**

Sie glauben wahrscheinlich, dass Sie das
„ADHS-Kind" erkennen, wenn Sie es sehen.
Sie sind das kleine Kind, das wie verrückt
durch das Klassenzimmer rennt und nicht in
der Lage ist, sitzen zu bleiben oder
zuzuhören. Auch wenn dies gelegentlich der
Fall ist, sind die Anzeichen von ADHS nicht
immer so deutlich. ADHS wird durch die
Schwierigkeit definiert, den Fokus
aufrechtzuerhalten, zuzuhören und sich an
Informationen zu erinnern, insbesondere an
solche, die für das Kind (oder den
Erwachsenen) nicht von Interesse sind.

Zu den weiteren Merkmalen gehört eine
größere Impulsivität (der Jugendliche, der
zuschlägt, ohne zuerst an die Konsequenzen
zu denken, der Erwachsene, der Geld
ausgibt oder seine Meinung äußert, ohne

zuerst an die Konsequenzen zu denken), was die Schule und andere strukturierte Umgebungen schwierig machen kann. Es gibt drei grundlegende Arten von Aufmerksamkeitsdefizitstörungen: hyperaktiv-impulsiv, unaufmerksam und eine Kombination aus hyperaktiv-impulsiv und unaufmerksam, die alle zu folgenden Symptomen führen können:

- Probleme beim Zuhören
- Unfähigkeit, still zu sitzen
- Mangelnde organisatorische Fähigkeiten
- Angst
- Unruhe
- Stimmungsschwankungen
- Schlaflosigkeit
- Schwierigkeiten beim Umgang mit Wut
- Schwierigkeiten, konzentriert zu bleiben

## NEBENWIRKUNGEN VON ADHS-MEDIKAMENTEN

Normalerweise behandelt die Schulmedizin ADHS (und andere hirnbezogene Probleme wie Angstzustände) mit Medikamenten. ADHS-Medikamente sollen die Symptome kontrollieren, indem sie auf wichtige Neurotransmitter im Gehirn abzielen. Adderall und Ritalin sind zwei der am häufigsten verwendeten ADHS-Medikamente und helfen bei vielen Menschen, die Symptome zu lindern, haben aber auch eine Reihe von Nebenwirkungen, darunter Schlafstörungen, Melancholie und Stimmungsschwankungen, die manchmal stark sind.

Einige Studien haben die Langzeitwirkungen dieser Medikamente untersucht und zeigen, dass sie die Symptome nicht wesentlich verbessern. Darüber hinaus zeigen die Studien auch, dass Menschen, die ADHS-Medikamente einnahmen, ein schlechteres

Selbstwertgefühl hatten als diejenigen, die keine Medikamente gegen ihre Krankheit erhielten.

Das bedeutet nicht, dass Medikamente nicht für jeden eine gute Option sind. Es hat zweifellos vielen Kindern geholfen, die Schule zu überstehen, und anderen Kindern geholfen, bessere Noten zu erzielen. Dies bedeutet jedoch, dass es wichtig ist zu wissen, dass es natürliche Heilmittel gegen ADHS gibt, bevor Sie sich an die Behandlung Ihres Kindes (oder sich selbst) wenden.

## Mögliche Nebenwirkungen von ADHS-Medikamenten und wie man damit umgeht

Eine der häufigsten Nebenwirkungen von ADHS-Medikamenten ist verminderter Appetit und Gewichtsverlust. Bei Kindern und Jugendlichen, die ADHS-Medikamente einnehmen, kann es zu einem Appetitverlust kommen, der zu Gewichtsverlust führen kann. Dies kann dadurch bewältigt werden, dass dafür gesorgt wird, dass das Kind genug zu essen bekommt, auch wenn das bedeutet, dass über den Tag verteilt zusätzliche Mahlzeiten oder Snacks eingeplant werden müssen.

Eine weitere Nebenwirkung von ADHS-Medikamenten ist Schlaflosigkeit. Kinder und Jugendliche, die ADHS-Medikamente einnehmen, können Schwierigkeiten beim Ein- oder Durchschlafen haben. Dies kann dadurch bewältigt werden, dass die Einnahme des Medikaments nicht zu spät am Tag erfolgt und eine konsistente Schlafroutine etabliert wird.

Stimulierende Medikamente zur Behandlung von ADHS können ebenfalls Bauchschmerzen, Kopfschmerzen und andere körperliche Symptome verursachen. Diese Symptome können in der Regel durch die Einnahme des Medikaments zusammen mit einer Mahlzeit oder durch eine Anpassung der Dosierung behandelt werden.

Weitere mögliche Nebenwirkungen von ADHS-Medikamenten sind Reizbarkeit, Stimmungsschwankungen und emotionale Veränderungen. Diese Symptome können behandelt werden, indem das Verhalten des Kindes genau beobachtet und die Dosierung nach Bedarf angepasst wird.

Zusätzlich zu den Nebenwirkungen von Medikamenten können bei Kindern mit ADHS auch soziale und emotionale Nebenwirkungen auftreten. Dazu können Schwierigkeiten beim Finden von Freundschaften, geringes Selbstwertgefühl und schlechte schulische Leistungen gehören. Diese Nebenwirkungen können durch Therapie und Selbsthilfegruppen sowie durch die Festlegung realistischer

Ziele und Erwartungen für das Kind behandelt werden.

Insgesamt ist es wichtig, Kinder und Jugendliche, die ADHS-Medikamente einnehmen, genau zu überwachen und eng mit einem medizinischen Fachpersonal zusammenzuarbeiten, um eventuell auftretende Nebenwirkungen zu behandeln. Bei richtiger Betreuung können Kinder mit ADHS ein erfülltes und erfolgreiches Leben führen.


## NATÜRLICHE HEILMITTEL GEGEN ADHS

ADHS kann für viele Menschen ein echtes und legitimes Problem sein, das ihre Funktionsfähigkeit beeinträchtigt. Durch die klinische Untersuchung der zugrunde liegenden und oft übersehenen Faktoren, die zu ADHS beitragen, können wir diese Probleme dann auf natürliche (und effektive) Weise gezielt angehen und angehen, um ein lebenslanges Leiden zu vermeiden und manchmal schwächende Symptome. Dies sind die besten natürlichen Heilmittel gegen ADHS, die Sie noch heute anwenden können:

Füttere das Gehirn
Die natürliche ADHS-Therapie beginnt mit der essentiellen Ernährung, die unser Körper und unser Gehirn benötigen, um richtig zu funktionieren. Viele Gesundheitsprobleme werden durch Vitaminmangel verursacht oder erheblich verschlimmert, und Gehirnerkrankungen wie ADHS bilden da keine Ausnahme. Beispielsweise ist die Wahrscheinlichkeit, dass Kinder mit ADHS an Magnesiummangel leiden, höher als bei Kindern ohne ADHS.

Eine Untersuchung ergab, dass 95 Prozent der identifizierten Kinder einen Magnesiummangel aufwiesen. Es hat sich gezeigt, dass eine Nahrungsergänzung mit

200 Milligramm Magnesium pro Tag über einen Zeitraum von sechs Monaten die Symptome einer Hyperaktivität lindert. Magnesiumthreonat ist das ideale Mittel zur Bekämpfung von ADHS, da es die Blut-Hirn-Schranke überwinden kann.

Weitere Informationen darüber, wie sich ein Magnesiummangel auf ADHS auswirkt, finden Sie unter: Die wichtigen Anzeichen eines Magnesiummangels.

Ein weiterer häufiger Mangel, der direkt mit der Gehirnfunktion zusammenhängt, ist Zink, das für den Stoffwechsel von Neurotransmittern wichtig ist, insbesondere Dopamin (das „Glückshormon"). Zinkmangel wird mit ADHS in Verbindung gebracht, und mehrere Studien zeigen, dass eine Zinkergänzung dazu beitragen kann, die Symptome, insbesondere die Hyperaktivität bei Jugendlichen, zu lindern.

Nicht alle Menschen mit ADHS haben einen Zinkmangel, und in diesen Situationen hat sich kein Nutzen von Zink nachgewiesen, aber das ist lediglich eine weitere Bestätigung dafür, dass Zink für eine gute Gehirnfunktion von entscheidender Bedeutung ist. Nahrungsergänzungsmittel sind möglicherweise nicht unbedingt erforderlich, da Sie Zink möglicherweise durch den Verzehr von mehr dunklem Blattgemüse, wild gefangenem Lachs und Hülsenfrüchten aufnehmen.

## GENETISCHE VARIATIONEN KOMPENSIEREN

Die Genetik bestimmt nicht Ihre Gesundheit, aber sie kann sich auf nahezu jeden Aspekt Ihrer Gesundheit auswirken. Da Unterschiede in Ihren Genen dazu führen können, dass Sie einem höheren Risiko für bestimmte Gesundheitsprobleme ausgesetzt sind, kann die Analyse der Folgen dieser Unterschiede Ihnen helfen, Ihre spezifischen Anfälligkeiten zu verstehen, damit Sie Maßnahmen zu Ihrem Schutz ergreifen können. Insbesondere Variationen im BHMT-Gen stehen in engem Zusammenhang mit der Entstehung von ADHS.

Darüber hinaus dient das COMT-Gen dazu, die Kommunikation zwischen Neurotransmittern auszugleichen und zu kontrollieren. Daher können einige Anomalien in diesem Gen auch Ihr Risiko für ADHS erhöhen. Bei der Suche nach natürlichen Therapien für ADHS ist es wichtig, den Einfluss Ihrer Genetik auf die Krankheit zu erkennen und zu würdigen. Dies wird Ihnen helfen, sich bewusst zu machen, wie Ihre natürliche Basis Ihre Bemühungen unterstützen oder behindern kann.

ESSEN SIE SAUBER
Nahrung kann entweder unseren Körper mit Energie versorgen und dabei helfen, Gesundheit und Wohlbefinden zu

verbessern, oder sie kann Krankheiten nähren, uns belasten und uns bestenfalls ein Gefühl von „Mahl" vermitteln.

Eine gesunde Ernährung ist eine der besten natürlichen Therapien gegen ADHS. Aber anstatt sich auf die Entfernung vollständiger Lebensmittelkategorien oder bestimmter Lebensmittel zu konzentrieren, die bei ADHS vermieden werden sollten, kann es vorteilhafter sein, sich auf die Lebensmittelzusatzstoffe, Farbstoffe und andere Chemikalien in verpackten, verarbeiteten Lebensmitteln zu konzentrieren.

Zwischen 1950 und 2012 stieg der Verbrauch künstlicher Lebensmittelfarbstoffe von 12 Milligramm auf 68 Milligramm pro Tag. Forschungsergebnissen zufolge verstärken bereits 50 Milligramm pro Tag Hyperaktivität und Anzeichen von ADHS, und es scheint, dass viele Menschen (einschließlich Kinder) diesen Wert bereits überschritten haben. Einige der Lebensmittelfarbstoffe und Zusatzstoffe, auf die Sie achten sollten, sind:

FD&C Yellow Nr. 6: kommt in Müsli, Süßwaren und Erfrischungsgetränken vor
FD&C Yellow Nr. 5: kommt in Müsli, Gurken und Müsliriegeln vor
D&C Yellow Nr. 1: kommt in Säften und gefrorenen Desserts vor
FD&C Red Nr. 40: kommt in Süßigkeiten, Erfrischungsgetränken und sogar rezeptfreien Arzneimitteln für Kinder vor
FD&C Blue Nr. 1 und Nr. 2: enthalten in Süßigkeiten, Sportgetränken und Müsli
FD&C Green Nr. 3: kommt in Süßigkeiten, Sportgetränken, Müsli und Eiscreme vor
Natriumbenzoat: ein Konservierungsmittel, das in einer Vielzahl von Lebensmitteln vorkommt, von Erfrischungsgetränken bis hin zu Soßen

# ENTDECKEN SIE LEBENSMITTELINTOLERANZEN

Obwohl in Nr. 3 oben darauf hingewiesen wurde, dass es besser ist, sich auf Zusatzstoffe als auf ganze Lebensmittelgruppen zu konzentrieren, gibt es Hinweise darauf, dass bestimmte Lebensmittelkategorien bei manchen Personen offenbar eher dazu neigen, die ADHS-Symptome zu verschlimmern. Im Allgemeinen sind glutenhaltiges Getreide (und andere besonders empfindliche Getreidesorten), Milchprodukte und alles mit Zuckerzusatz Hauptsymptomauslöser für Menschen mit ADHS.

Untersuchungen haben auch einen Zusammenhang zwischen Zöliakie und ADHS hergestellt, wobei eine Studie eine erhebliche Verringerung der ADHS-Symptome nach Beginn einer glutenfreien Diät feststellte. Aber welche Lebensmittelkategorien sollten Sie zuerst entfernen? Jeder Körper ist anders, daher hat jeder Mensch unterschiedliche Ernährungsunverträglichkeiten. Eine Eliminationsdiät ist mein Goldstandard, um Ihre speziellen Nahrungsmittelunverträglichkeiten aufzudecken und Ihnen dabei zu helfen, die Kontrolle über Ihre Gesundheit zurückzugewinnen und die Symptome umzukehren.

## VERWALTUNG DES ENTZÜNDUNGSGRADES

Ein breiter Zweig medizinischer Studien, der als Zytokinmodell der kognitiven Funktion bekannt ist, untersucht, wie Gehirnentzündungen mit der Entstehung und dem Fortbestehen von Gehirnproblemen wie ADHS zusammenhängen. Als Ergänzung zur Kette besteht der erste Schritt zur Kontrolle der ADHS-Symptome darin, sich auf diese Umstände zu testen.

Proteine der Blut-Hirn-Schranke: Diese können darauf hinweisen, ob die Blut-Hirn-Schranke durchbrochen wurde.

Zonulin und Occludin: Mit diesem Bluttest wird untersucht, ob Antikörper gegen diese Proteine vorhanden sind.

Homocystein: Wenn diese Aminosäure erhöht ist, wird sie mit der Störung der Blut-Hirn-Schranke in Verbindung gebracht.

CRP: Hohe Werte dieses Entzündungsproteins könnten ein Hinweis darauf sein, wie hartnäckig Ihre Entzündung im gesamten Körper ist.

Der nächste Schritt besteht darin, in der Kette rückwärts nach oben zu gehen und zerstörte Barrieren zu reparieren, indem Entzündungen mit entzündungshemmenden diätetischen Arzneimitteln wie Kurkuma, grünem Tee und anderen Superfoods behandelt werden.

## VERSUCHEN SIE EEG-BIOFEEDBACK

Elektroenzephalographisches Biofeedback ist eine Art Neurotherapie, die mit einer Lerntechnik verbunden ist, die Einzelpersonen Feedback über ihre Gehirnwellen gibt, um ihnen zu helfen, ihre Gehirnfunktion selbst zu regulieren. Dies kann dazu beitragen, ihre Symptome zu lindern und die Aufmerksamkeit zu steigern, und wurde bei vielen Menschen, die mit ADHS kämpfen, effektiv eingesetzt.

## GEHEN SIE DRAUßEN SPIELEN UND TRAINIEREN

Kinder spielen nicht mehr so regelmäßig im Freien wie früher, sollten es aber tun – insbesondere solche mit ADHS. Studien zufolge kann der Aufenthalt von nur 20 Minuten im Freien die Aufmerksamkeit von Jugendlichen mit ADHS steigern. Untersuchungen haben außerdem gezeigt, dass ein Spaziergang in der Natur oder in einem Park sowohl für Erwachsene als auch für Kinder hilfreicher ist, als nur Zeit im Freien in einer geschäftigen Metropole zu verbringen. ADHS ist mit einem verringerten Dopaminspiegel (und den daraus resultierenden unangenehmen Empfindungen) verbunden. Regelmäßige Bewegung kann jedoch dazu beitragen, diesen Mangel auszugleichen, indem sie den Dopaminspiegel erhöht.

ADAPTOGENE KRÄUTER HINZUFÜGEN
Adaptogene sind pflanzliche Arzneimittel, die durch unterschiedliche stressabbauende Wirkungen insbesondere dazu dienen, das Gleichgewicht von Körper und Geist wiederherzustellen. Untersuchungen ergaben, dass Jugendliche mit ADHS, die fünf Wochen lang einmal täglich Ginkgo biloba einnahmen, über eine Verbesserung ihrer Symptome berichteten.

Eine vergleichbare Studie untersuchte auch die Vorteile von rotem Ginseng und zeigte, dass eine tägliche Einnahme von 1.000 mg über acht Wochen zu einer Verringerung der Symptome, einschließlich weniger

Angstzuständen und verbesserter sozialer Funktion, führte. Andere Adaptogene, von denen berichtet wurde, dass sie bei ADHS helfen, sind Kiefernrindenextrakt und Bacopa monnieri. Sie können einfach in Ihre Lieblings-Smoothies, Getränke oder Mahlzeiten integriert werden, um die Symptome zu lindern.

PROBIEREN SIE CBDÖL

Hab niemals Angst-

CBD steht für Cannabidiol, einen Cannabinoid-Inhaltsstoff in Hanf und Marihuana, aber im Gegensatz zu THC (der psychoaktiven Komponente der Marihuanapflanze) verursacht CBD nicht den „Rausch", für den Marihuana bekannt ist.

Während CBD-Öl äußerst geringe Mengen THC enthalten kann, enthalten die meisten keines, was CBD-Öl zu einer perfekten Alternative für Personen macht, die die mit Hanf und Marihuana verbundenen Vorteile ohne die bewusstseinsverändernden Wirkungen suchen. Wenn Sie sich Sorgen machen, sollten Sie eine Marke mit bestätigter Reinheit in Betracht ziehen, da manche Menschen nicht gut auf THC reagieren.

Während noch weitere Studien durchgeführt werden müssen, um den Nutzen von CBD-Öl bei ADHS-Symptomen zu beweisen, zeigt die Forschung, dass es aufgrund seiner Fähigkeit, Entzündungen im Gehirn deutlich zu reduzieren, bei der Kontrolle der Symptome helfen könnte. CBD-Öl trägt auch zur Verringerung von Angstzuständen bei, indem es die Aktivierung des präfrontalen Kortex erhöht und die Aktivität in den Amygdala-Teilen des Gehirns verringert sowie den GABA- und Glutamatspiegel für optimale Ruhe und Aufmerksamkeit im Gleichgewicht hält.

## SEROTONIN STEIGERN

Viele Menschen, die mit ADHS zu kämpfen haben, weisen Serotoninstörungen auf. Serotonin ist der „Wohlfühl-Neurotransmitter" und spielt eine Rolle bei der Impulskontrolle, Stimmungsschwankungen und Schlafmustern. Um den Serotoninspiegel zu erhöhen, sollten Sie Tryptophan oder B6 in Betracht ziehen, eine wichtige Aminosäure, die natürlicherweise in vielen Mahlzeiten, einschließlich Truthahn, vorkommt. B6 ist für die Bildung von Serotonin erforderlich und lindert nachweislich die Symptome von Hyperaktivität. Es kommt auch vor in:

- Wild gefangener Lachs
- Grasgefüttertes Rindfleisch
- Süßkartoffeln
- Haselnüsse

BESSER SCHLAFEN
Schlaflosigkeit ist ein typisches Symptom bei Personen mit der Diagnose ADHS, da die hyperaktive Komponente es schwierig

machen kann, zur Ruhe zu kommen und sich zu entspannen. In klinischen Studien wurde nachgewiesen, dass verhaltensbezogene Schlafinterventionen die Schlafmuster verbessern, was wiederum dazu beitrug, Hyperaktivität, Aufmerksamkeit und andere Symptome von ADHS zu verbessern, selbst lange nach Ende des Experiments. Ein Arzt kann eine seriöse Quelle für diese Art von Intervention vorschlagen.

Da das Gesundheitsproblem jedes Einzelnen einzigartig ist, funktioniert das, was für den einen funktioniert, nicht unbedingt auch für den anderen. Aus diesem Grund ist es wichtig, einen erfahrenen Arzt zu konsultieren, um eventuelle zugrunde liegende Gesundheitsprobleme bei Ihnen oder Ihrem Kind aufzudecken, die sich auf die Symptome und das allgemeine Gesundheitsprofil auswirken könnten. Ihr Arzt wird Ihnen helfen herauszufinden, ob natürliche Therapien gegen ADHS eine

bessere Alternative zu Medikamenten sind. Dieses Verständnis wird Ihnen beiden dabei helfen, einen Betreuungsplan zu erstellen, der Ihren besonderen Bedürfnissen (oder denen Ihres Kindes) am besten entspricht.

www.ingramcontent.com/pod-product-compliance
Lightning Source LLC
Chambersburg PA
CBHW061641250726

48659CB00004B/1328